Saskia Warburg

Von der Medienkompetenz zur Medienkritik

WOCHEN
SCHAU
ACADEMY

Bibliografische Information der Deutschen Nationalbibliothek

Die Deutsche Nationalbibliothek verzeichnet diese Publikation in der Deutschen Nationalbibliografie; detaillierte bibliografische Daten sind im Internet unter http://dnb.d-nb.de abrufbar.

www.wochenschau-verlag.de

Umschlaggestaltung: Wochenschau Verlag
Gedruckt auf chlorfrei gebleichtem Papier
Gesamtherstellung: Wochenschau Verlag
ISBN 978-3-7344-1297-4 (Buch)
E-Book ISBN 978-3-7344-1298-1 (PDF)
DOI https://doi.org/10.46499/1824

I. Inhaltsverzeichnis

1. Vorwort

Das Aufwachsen im digital geprägten Zeitalter stellt junge Erwachsene auf ihrem Weg zu mündigen BürgerInnen vor diverse Herausforderungen und neue Probleme. Eltern und zum Teil schon ältere Geschwister kennen die neuen Problematiken nicht oder schätzen teilweise ihren Stellenwert für die Jugendlichen falsch ein, wodurch die jungen Erwachsenen weitestgehend allein mit ihren Problemen – im familiären Kontext – da stehen können. Die Lebenswelt von Kindern und Jugendlichen ist stark mit der medialen (Erlebnis-)Welt verwoben und schafft dadurch neue virtuelle Erlebnisräume für diese. Das Angebot der Neuen Medien bietet den Konsumierenden, neben Unterhaltung und Wissen, Orientierung sowie Strukturelemente an, welche an die Identitätssuchbewegung vieler Jugendlicher angepasst sind. Die Bedeutung von Multimedialen-Plattformen – wie zum Beispiel *Youtube*– sowie deren AkteurInnen nehmen einen immer größeren Stellenwert im Leben der *Digital Natives* ein, wodurch auch ihre gesellschaftlichen, politischen und ökonomischen Einflussmöglichkeiten auf eben diese steigen.

Im Rahmen dieser Arbeit soll der Frage nachgegangen werden, ob YoutuberInnen mit ihren Videos die politische und/oder gesellschaftliche Einstellung von Jugendlichen beeinflussen können. Aufgrund der Aktualität des ausgewählten Themengebietes sowie den wenig vorhandenen wissenschaftlichen Studien oder Publikationen wurde sich für ein exploratives Vorgehen entschieden. Die vorliegende Arbeit lässt sich in einen theoretischen und einen praxisbezogenen Teil untergliedern.

Zu Beginn werden einzelne theoretische Ansätze der Mediensozialisation, das Generationenkonzept *Digital Natives* sowie die mögliche Mediensozialisation von jungen Erwachsenen in der Schule und im Internet erläutert. Darauffolgend wird die Bedeutung von Medienkompetenzen in der politischen Bildung aufgegriffen. Hierbei wird ein thematischer Fokus auf die Medienkompetenz als grundlegende Schlüsselqualifikation sowie die Möglichkeiten einer schulischen und außerschulischen Medienkompetenzförderung gelegt. Ferner wird die Entwicklung der Medienkritik im öffentlichen Diskurs anhand ausgewählter Modelle erläutert sowie deren Notwendigkeit begründet. Diese Erkenntnisse werden anschließend in Relation mit der pädagogischen Dimension gebracht und die sich daraus ergebenden Herausforderungen für die politische Bildung erläutert.

Das Kapitel *soziale Medien* beschäftigt sich mit der Entwicklung und Verbreitung von neuen Medienangeboten in Deutschland. Neben der Thematisierung der Funktionen sowie der vorhandenen Möglichkeiten wird auch die Identitätsbildung in den Neuen Medien – besonders hinsichtlich der Plattform Youtube – beleuchtet. Ferner werden die sozialen Medien als Kommunikationsmittel betrachtet, wobei auch private, öffentliche und politische Interaktionsmöglichkeiten skizziert werden. Abschließend beschäftigt sich das Kapitel – neben den vorherigen positiven Funktionen der sozialen Medien – auch mit der negativen Kehrseite der Angebote. Fake News, Echokammern/Filterblasen oder Social Bots sind nur einige negative Phänomene, welche durch die (flächendeckende) Verbreitung von technischen Endgeräten und Zugangsmöglichkeiten vermehrt in den gesellschaftlichen Fokus gerückt sind.

Das nachfolgende Kapitel beschäftigt sich mit der Plattform *Youtube*, deren Unternehmensgeschichte, der Verbreitung in Deutschland und der Funktionsweise des Unternehmens. Neben Themen wie Datenschutz oder Kosten werden vier populäre Genre-Kategorien sowie einige deutsche Youtube-Stars vorgestellt. Ebenfalls wird das Handlungsfeld der politischen Bildung auf der Plattform, hinsichtlich der vorhandenen Herausforderungen und Potenziale, beleuchtet. Anhand des Exkurses zum Projekt „jungbewegt – Für mehr Engagement und Demokratie“ der Bertelsmann-Stiftung wird eine mögliche Youtube-Kampagne vorgestellt, welche politische Bildung an eine jugendliche Zielgruppe vermitteln soll.

Der praxisbezogene Teil orientiert sich an einem qualitativen Vorgehen, wobei die zehn geführten Schülerinterviews zu den Themenschwerpunkten „Rollenbilder“ und „Artikel 13“ – neben einer inhaltlichen Erläuterung – im Fokus stehen. Die problemzentrierten Interviews wurden durch kurze Videosequenzen von den Youtubern *ApeCrime, Melina Sophie* und *LeFloid*, welche jeweils kurz vorgestellt werden, unterstützt. Weiterhin wurde eine inhaltlich-semantische Auswertung der Interviews vorgenommen.

Auf Basis der gewonnenen, theoretischen sowie praktischen Erkenntnisse werden in dem vorletzten Kapitel verschiedene Handlungsempfehlungen entwickelt. Diese Empfehlungen beziehen sich auf die Lehrerausbildung, die Notwendigkeit der Medienpädagogik als eigenständiges Schulfach sowie auf die Einbindung von Youtube-Videos in den schulischen Kontext. Im abschließenden Fazit werden die wichtigsten Fakten nochmals rekapituliert und zusammengefasst.[1]

2. Mediensozialisation

Durch neue technologische Innovationen, der Verfügbarkeit und den Zugangsmöglichkeiten zum Breitbandinternet entwickelt sich zunehmend ein mediatisierter[2] Lebensstil in der westlichen Welt. Ein Großteil der deutschen Bevölkerung ist in der Lage, die Dienste und Funktionen der Neuen Medien sowie des Web 2.0[3] zu jederzeit und an jedem Ort in Anspruch zu nehmen. Technische Endgeräte – wie Smartphones oder Tablets – werden zu Universalwerkzeugen, die für uns alltägliche Aufgaben übernehmen und Interaktionsmöglichkeiten unterstützen. Es kommt zu einer Verschmelzung zwischen der analogen und der digitalen Lebenswelt des modernen Menschen (vgl. Vorderer 2015, 259).

Nachfolgend wird der theoretische Rahmen skizziert sowie die Generationenkonzepte *Digital Natives* vs. *Digital Immigrants* vorgestellt. Anhand dieser Erkenntnisse soll die Entwicklung der Mediensozialisation von Kindern und Jugendlichen im schulischen Kontext und Internet näher beleuchtet werden.

2.1 Theoretischer Rahmen

Der Begriff der Mediensozialisation sowie dessen theoretischer Zuweisung befindet sich in einem stetigen gesellschaftlichen Diskurs, was teilweise dessen Aktualität und den fortlaufenden technologischen Errungenschaften geschuldet ist. Vor der eigentlichen (theoretischen) Klärung des abstrakten Begriffes muss zunächst der grundlegende Terminus der *Sozialisation* geklärt werden.

Sozialisation beschreibt die „gleichzeitig ablaufenden Prozesse der „Vergesellschaftung“ und „Individuation“, als der Integration in die Gesellschaft mit all ihren Strukturen, kulturellen Praxen, Werte und Normen (…)“ (Würfel 2012,89). Die Entwicklung und Festigung einer Persönlichkeit/Identität, die subjektive Handlungsfähigkeit sowie die Möglichkeit der Partizipation gehören zu den zentralen Zielen der Sozialisation (vgl. ebd.).

> *„**Mediensozialisation** bei Kindern und Jugendlichen umfasst alle Aspekte, bei denen die Medien für die psychosoziale Entwicklung der Heranwachsenden eine Rolle spielen."*
> *(Süss u. a. 2018, 19; Hervorhebung im Original)*

Hinsichtlich der Mediensozialisation und dessen Verständnis existieren eine Vielzahl von unterschiedlichen Definitionsversuchen, welche sich teils auf die gesamte Disziplin erstrecken oder einzelne Teilbereiche in den Blick nehmen. Allen gemein ist das Verständnis, dass es sich bei der Mediensozialisation um eine medial und symbolisch vermittelte Kommunikation handelt. Dieses Forschungsgebiet beschreibt einen aktiven sowie dynamischen Prozess, welcher durch die Mediatisierung der Umwelt beeinflusst wird (vgl. Fritzsche 2010, 182). Durch neue Anwendungspraktiken und Phänomene der crossmedialen Medienrezeption – Second Screen[4]-Praktiken – werden die Prozesse stetig komplexer und intransparenter (vgl. Stehling, Thomas 2017, 305; Bilandzic u. a. 2015, 20).

Im Allgemeinen lassen sich zwei übergeordnete Richtungen der Mediensozialisation identifizieren. Süss und Hurrelmann plädieren beispielsweise für eine Mediensozialisation, wobei sie die Medien getrennt von anderen Sozialisationstheorien konzeptualisieren wollen (vgl. Hurrelmann, Bauer 2018; Süss 2004). Stehling und Thomas setzen sich für ein Mediensozialisationsverständnis ein, welches von der Annahme ausgeht, dass die mediale Kommunikation alle Lebensbereiche durchdringt und so wechselseitige Beziehungen bedingen. Diese Theorie berücksichtigt ergänzend den zweiseitigen Prozess der Sozialisation. Einerseits die Beeinflussung des Subjektes durch Medien und den dort transportierten Inhalten und andererseits die Ablehnung von Medien und den dargebotenen Inhalten (vgl. Stehling, Thomas 2017, 300). Grundsätzlich verhält es sich bei der (Medien-)Sozialisation – ebenso wie bei der Identität – um einen lebenslangen dynamischen Prozess, jedoch können spezifische Medien in einzelnen Lebensabschnitten eine besondere Bedeutung einnehmen (vgl. ebd.; Paus-Hasebrink 2015, 18ff.).

Die Mediensozialisation wird oftmals mit dem Medienumgang – die Aus- und Verhandlung von medialen Inhalten – gleichgesetzt, welcher in der breiten Öffentlichkeit besonders hinsichtlich der Wirkungsmacht von Medien diskutiert wird. Nach Süss lassen sich drei normative Positionen der medialen Wirkungsmacht unterscheiden: „die kulturpessimistische, die kritisch-optimistische und die medieneuphorische“ (ebd., 303) Position. Die *kulturpessimistische* Position kann die längste Tradition aufweisen und prägte in der Vergangenheit diverse Debatten um Leitmedien innerhalb der Gesellschaft. Nach dieser Position gefährden Medien – es handelt sich in der Regel um einen engen Medienbegriff – die psychosoziale Entwicklung von jungen Erwachsenen. Positive empirische Befunde werden nicht in die Bewertung aufgenommen (vgl. Süss 2008, 361f.). Vertreter des *kritischen Optimismus* sprechen den Medien verschiedene – positive wie negative – Wirkungen zu und heben dabei die aktive Rolle der Nutzenden hervor. Sie bewerten die Medien als wertvolle Ergänzung des realen Lebens. Diese Position wird durch diverse empirische Befunde untermauert (vgl. ebd.). Die *medieneuphorische* Perspektive bewertet (Neue) Medien durchgehend als positiv und klammert negative Folgen oder potenzielle Gefahren für die Heranwachsenden aus (vgl. ebd.).

Kübler plädiert in seinem Artikel für die Weiterentwicklung einer Mediensozialisation, welche neben einem breiten Medienbegriff durch eine ganzheitliche Subjektbetrachtung ergänzt werden sollte. Er schlägt ein hybrides Sozialisationsmodell vor, in dem Medien als Sozialisationsagenten angesehen werden, die den Prozess sinnvoll ergänzen. Dies ist auch ein wesentlicher Bestandteil der Selbstsozialisation, die in den verschiedenen digitalen Medien vollzogen wird (vgl. Kübler 2010, 17ff.).

2.2 Digital Natives vs. Digital Immigrants?

Die beiden gegensätzlichen Begriffspaare *„Digital Natives“* und *„Digital Immigrants“* beschreiben zwei Generationskonzepte, die aktuell im öffentlichen Diskurs der Digitalisierung und technischen Errungenschaften kontrovers diskutiert werden.

In einem 2001 veröffentlichten Aufsatz benutzte der amerikanische Pädagoge Marc Prensky die Begriffe erstmals. Damit bezeichnet er Personen, die mit der Digitalisierung beziehungsweise mit den Möglichkeiten des technischen Fortschrittes aufgewachsen sind oder es noch tun, als sogenannte *„Digital Natives“* (vgl. Prensky 2001, 1). Als Synonyme werden für die gleiche Personengruppe auch andere Generationsbezeichnungen verwendet, wie etwa „Generation@, Generation Net, Generation Y oder Millennials“ (vgl. Paus-Hasebrink u. a. 2010, 46). Personen, die nicht in dieser Zeitspanne aufgewachsen sind, bezeichnet er als *„Digital Immigrants“* (vgl. Prensky 2001, 2). Beide Begriffe werden von dem englischen Wort der „Native Speaker ≈ der/die Muttersprachler/in“ entlehnt und bedeuten in der linguistischen Transformation, dass die *Digital Immigrants* mit einem „Akzent“ und mit größeren Schwierigkeiten die Neuen Medien konsumieren und nutzen (vgl. Jandura, Karnowski 2015, 65).

Je nach theoretischem Standpunkt können die Generationskonzepte durch weitere Aspekte und Gesichtspunkte ausdifferenziert und für diverse Theorien oder Erklärungsansätze herangezogen werden. Die häufige Verwendung sowie Nennung im öffentlichen Diskurs oder in den Medien verleiten zu der Annahme, dass die Begriffe klar definiert, voneinander abtrennbar und die damit einhergehenden Annahmen belegbar sind.

Besonders die Trennung der beiden Generationskonzepte gestaltet sich problematisch. Als Trennungslinie ist das Jahr 1980 weitverbreitet, erscheint aber aufgrund der unterschiedlich schnellen sowie „deckenden“ Verbreitung der Digitalisierung als unzureichend (vgl. Palfrey, Gasser 2008).[5] In der Folge entwickelten sich diverse mikro- und makroperspektivische Ansätze, die beispielsweise die Geburtsjahre sowie die Möglichkeit einer Internetnutzung miteinander verbanden (vgl. Jandura, Karnowski 2015, 65). Anhand der Generationskonzeptzuweisungen werden den beiden Gruppen auch unterschiedliche Charakteristika nahegelegt. Theoretiker wie Tapscott oder Witt attestieren den *Digital Natives* eine größere Flexibilität, Effektivität, Sensibilität, Toleranz und Akzeptanz in Bezug auf Minderheiten (vgl. Tapscott 1998, 129f.; Witt 2000, 8).

Durch den vermehrten Medienkonsum werden jedoch auch mögliche Aufmerksamkeits- und Konzentrationsschwierigkeiten sowie andere negative Entwicklungen prophezeit (vgl. ebd., 10). Die empirische Datenlage für eine einzelne generationsspezifische Internetnutzungsweise sind allerdings nicht ausreichend vorhanden, um eine fundierte Aussage treffen zu können (vgl. Jandura, Karnowski 2015, 66).

VertreterInnen der Individualisierungsthese bezweifeln beispielsweise die homogene Entwicklung einer ganzen Generation hin zu kompetenten

Medienrezipierenden und -konsumierenden. Fraglich ist ebenso die Annahme, ob die Digitalisierung und deren Folgen ein wirklich klar abgrenzbares Ereignis darstellt, welches eine ganze Generation geprägt hat und sich noch prägend auswirkt. Daran anschließend wird die Frage aufgeworfen, ob die Entwicklung von neuen Technologien zwangsläufig auch zu neuen Gesellschaftsausbildungen führt (vgl. ebd., 67; Williams 2004, 13). Michael Jäckel plädiert gegen eine Unterscheidung zwischen junge vs. alte Personen oder alten vs. neuen Technologien, sondern für eine differenzierte Betrachtung der Alterskohorten. Die medienfavorisierte Generationsbezeichung hofft auf die Dominanz von gemeinsamen Erfahrungswerten, jedoch gibt es bisher noch keine Erkenntnisse über generationsspezifische Mediennutzung der *Digital Natives* (vgl. Jäckel 2010, 248). Einen Konsens gibt es allerdings in Bezug auf die zentrale Bedeutung von Medien innerhalb des Sozialisationsprozesses von Kindern und Jugendlichen. Ebenso wie die Vermutung, dass sie offener im Umgang mit Neuen Medien sind und diese intuitiv ‚richtig' anwenden können (vgl. ebd.).

Durch den kontinuierlichen technischen Fortschritt sowie der zunehmenden Bedeutung von (medialen) Innovationen im Alltag müssen sich die wissenschaftlichen Längsschnittperspektiven mit immer kleineren und differenzierteren Kontrollgruppen beschäftigen, anstatt die ganze Generation der *Digital Natives* in den Blick nehmen zu können (vgl. Öhmichen, Schröter 2009, 434f.). Für eine Auftrennung des Generationenkonzeptes plädieren auch Befunde aus der Aneignungsforschung sowie der Diffusionsforschung, die beispielsweise auf die unterschiedliche Adaptionsfähigkeit oder auf die Bedeutung der individuellen Medienbiografie für das Medienverhalten hinweisen (vgl. Karnowski 2017, 18; Hepp, Hasebrink 2014, 347f.).

Die Erkenntnisse der Individualisierungstheorie deuten auf die *Digital Natives* als ein Schichtphänomen hin, da die individuelle Mediennutzung kein linearer Prozess sei, sondern von dem persönlichen, sozialen und ökonomischen Kapital und damit verbunden von den Möglichkeiten der freien Entwicklung abhängig sei. Dies bedeutet in der Konsequenz, dass die angenommene homogene Entwicklung der Mediennutzung durch die *Digital Natives* nur auf Personengruppen bestimmter sozialer Schichten zutrifft (vgl. Geißler 2011, 117f.).

2.3 Mediensozialisation in der Schule

Die Institution Schule wird seit jeher als eine Sozialisationsinstanz wahrgenommen, die sich prägend auf die Entwicklung von Kindern und Jugendlichen auswirkt. Neben der familiären Sozialisation hat sich die Schule als „Keimzelle der Gesellschaft" etabliert und dadurch mehr Bedeutung für den gesellschaftlichen Diskurs gewonnen (vgl. Foucault 1997; Hummrich, Kramer 2017, 29).

Inwiefern sich die Mediensozialisation in der Schule – in Bezug auf Neue Medien – vollzieht, wurden bisher nur wenige Studien veröffentlicht, weswegen folgend nur Annahmen protokolliert werden können. Festzuhalten ist allerdings, dass ein vermehrter Medieneinsatz und -umgang in den Schulen durch die Lehrenden und zuständigen Kultusministerien gefordert beziehungsweise gewünscht wird. Ziel ist es dabei, dass die digitalen Medien ebenso selbstverständlich als Arbeitsinstrumente verwendet wie auch als zu behandelndes Material verstanden werden (vgl. Besand 2014, 479). Die Medienintegration im schulischen Kontext sowie der Medienumgang durch SuS lässt diese die Kompetenzen erwerben, welche sie für die Kommunikationsformen und Zeichensysteme im Kontext der Mediatisierung benötigen. Nur wer sich mit den neuen medialen Angeboten auseinandersetzt, kann die gesellschaftlichen, politischen und individuellen Bedeutungen dieser erkennen (vgl. ebd.; Besand, Sander 2010, 9). Der Umgang mit Medien erfordert erweiterte kommunikative Kompetenzen, um sich über die gelernten oder betrachteten Inhalte austauschen zu können. Die Kommunikation dient als Basis für ein tiefergreifendes Verständnis und muss innerhalb des Sozialisationsprozesses erworben werden (vgl. Spanhel 2018, 111). Hinzu kommt, dass soziale Medien nicht als ein isoliertes Unterrichtsthema betrachtet werden können, sondern dass die SuS konkret von diesen betroffen sind und diese somit für vielfältige Handlungsfelder von immenser Bedeutung sind (vgl. Besand 2014, 482). Die schulische Mediensozialisation hat ferner den Auftrag, ebenso wie die Medienkompetenz, die SuS zu einer kritisch-reflektierten Mediennutzung zu erziehen und zu befähigen.

2.4 Mediensozialisation im Internet

Inwiefern die Mediensozialisation von Kindern und Jugendlichen im Erlebnisraum Internet verläuft und welche Entwicklungstendenzen es hierbei gibt, ist leider noch nicht ausreichend empirisch untersucht worden.[6] Es ist jedoch festzuhalten, dass das Medium Internet und die damit verbundenen Möglichkeiten einen festen Bestandteil im Leben der jungen Heranwachsenden einnehmen. Viele benutzen die medialen Angebote täglich[7] und dies meistens konstant über einen längeren Zeitraum hinweg. Wenn also die Institution Schule, die Familie sowie die Peer-Group[8] als Sozialisationsinstanzen wahrgenommen werden, muss ergänzend auch das Internet als eine solche Instanz betrachtet werden.

Ein grundlegender Unterschied zu den anderen Instanzen ist, dass das Medium überwiegend allein konsumiert wird. Zwar um beispielsweise mit seinen Freunden zu kommunizieren, jedoch steht kein Lehrender oder Familienangehöriger hinter der Person und überwacht dessen Internetaktivitäten. Kontrollinstanzen[9] wie der Jugendmedienschutz oder das Blockieren von bestimmten Seiten durch die Erziehungsberechtigten sind zwar theoretisch gegeben, können aber durch die Heranwachsenden umgangen werden. In diesem Kontext wird deshalb häufig von der sogenannten *Selbstsozialisation* gesprochen. Selbstsozialisation nimmt dabei die gesteigerten „Prozesse der Selbstorganisation, Selbstregulierung und Eigenkonstruktivität" (Sutter 2010, 52) in den Blick. Ferner wird dabei von einem aktiv sowie reflexiv agierenden Subjekt ausgegangen, welches autonom mit verschiedenen Medienangeboten umgeht und sich neue aneignen kann (vgl. ebd.).

> *„Mediennutzung als Selbstsozialisation bedeutet, dass die Sozialisanden die Wahl von Medien und Medieninhalten selbst steuern, über Medienzeiten und Medienorte in relativer Autonomie entscheiden und die Bedeutung der Medieninhalte im Rezeptionsprozess eigenständig konstituieren."*
> *(Süss 2004, 68)*

Die gegebene Interaktivität von neuen Medienangeboten sowie der individuelle Auswahlprozess von „interessanten" Inhalten durch den Rezipienten führt weiter dazu, dass der Identitätsaufbau / die Persönlichkeitsgestaltung auch im Web 2.0 vollzogen wird. Hierbei sind die Heranwachsenden in der Regel auf sich allein gestellt, was zu potenziellen Gefahren für diese und deren Entwicklung führen kann (vgl. Sutter 2010, 53; Spanhel 2017). Innerhalb des pädagogischen Diskurses werden Medien – neben einem nicht abzusprechenden Einfluss auf die Sozialisation – als „(un-)heimliche Miterzieher"

(Hoffmann, Mikos 2010, 15) bezeichnet und bedürfen aus diesem Grunde eine intensivere Betrachtung.

3. Politische Bildung und Medien(-kompetenz)

Die Vermittlung von Medienkompetenzen an Schülerinnen und Schüler (kurz SuS) ist ein wesentlicher Bestandteil der heutigen politischen Bildung. Neben der Befähigung sowie Erziehung zu einer mündigen und (selbst-)reflektierten Person, stellt die Medienkompetenz eine Schlüsselqualifikation in unserer informierten Gesellschaft dar.

Nachfolgend wird erläutert, inwiefern Medienkompetenz als eine Zielkategorie des pädagogischen Handelns zu verstehen ist sowie welche Rolle sie für die politische Urteils- und Handlungsfähigkeit von Individuen spielt. Ergänzend werden Konzepte für die schulische und außerschulische Medienkompetenzförderung vorgestellt.

3.1 Schlüsselkompetenz: Medienkompetenz

Die Erlangung von Medienkompetenz – welche in der mediatisierten Lebenswelt eine grundlegende Schlüsselqualifikation darstellt – ist zu keinem Zeitpunkt ein statischer Ist-Zustand, sondern erfordert einen lebenslangen Lernprozess. Oftmals wurde in der gesellschaftlichen Debatte die Medienkompetenz plakativ als Schlüsselkompetenz der *Digital Natives* gebraucht, wodurch die inhaltliche Präzisierung des Begriffes und dessen eigentliche Zielsetzung in den Hintergrund geraten ist. Hinzu kommt, dass innerhalb des bildungspolitischen Diskurses der Fokus auf Neuen Medien liegt, was jedoch verkennt, dass alle Medienangebote – seien es nun analoge oder digitale – durch eine Medienkompetenz angesprochen werden müssen (vgl. Sander 2017, 130; Süss u. a. 2018, 109).

Nachfolgend wird erläutert, weshalb die Medienkompetenz trotzdem als eine Zielkategorie des pädagogischen Handelns angesehen werden kann. Wie sich das bestehende Medienkompetenzkonzept, welches sich vornehmlich an klassischen Medienangeboten orientiert, verändert werden muss, um den technologischen Bedürfnissen sowie Herausforderungen der Neuen Medien gerecht werden zu können. Ergänzend wird die Bedeutung dieser Konzepte in Bezug auf die politischen Urteils- und Handlungsfähigkeiten von SuS beleuchtet werden.

3.1.1 Medienkompetenz als Zielkategorie pädagogischen Handelns

Seit den 1970er-Jahren entwickelte sich die Medienkompetenz im deutschsprachigen Raum zu einer zentralen Zielkategorie für pädagogisches Handeln, wobei sich die Zielprämissen in den folgenden Jahren stark veränderten. Zu Beginn des Diskurses sollten Kinder und Jugendliche vornehmlich vor schädlichen Medieneinflüssen geschützt werden. Dieser Ansatz wurde durch die populärer werdende handlungsorientierte Medienerziehung abgelöst und durch einen stärkeren selbstzentrierten Ansatz ersetzt. Junge Erwachsene sollen Werkzeuge – diverse Kompetenzen – an die Hand bekommen, wodurch sie einen selbstbestimmten und kompetenten Umgang mit Medien erlernen können. Die erlernten und angeeigneten Werkzeuge dienen als Basis für einen lebenslangen Lernprozess, welcher sich auch auf noch nicht entwickelte Medienangebote anwenden lassen soll (vgl. ebd., 110).

Medienkompetenz – welche als ein Teilbereich von allgemeinen kommunikativen Kompetenzen betrachtet wird – soll den Individuen Orientierungsangebote schaffen und sie dazu befähigen, Medien aktiv für sich zu nutzen und selbst Inhalte zu produzieren. Der Kompetenz kann folglich ein partizipativer Charakter nachgewiesen werden (vgl. Baacke 2013, 96). Ferner weist der deutsche Erziehungswissenschaftler Dieter Baacke auf den Aspekt hin, dass sich Medienangebote nicht nur auf linguistische Kompetenzen beschränken, sondern auch visuelle – also Bildkompetenzen – für einen „richtigen" Umgang benötigen (vgl. ebd., 97).

Hinsichtlich der Medienkompetenzforschung existieren verschiedene Ansätze und theoretische Schwerpunkte, wobei sich die meisten Publikationen an dem Medienkompetenzkonzept von Dieter Baacke orientieren. Dieser unterscheidet in seinem Konzept zwischen vier verschiedenen Teilbereichen: der Medienkunde, -nutzung, -kritik und -gestaltung.

Für ihn umfasst die *Medienkunde* das Wissen über aktuelle Medien und deren zugrunde liegenden Systemen sowie Praktiken. Dieses Wissen enthält sowohl eine informative (klassische Wissensbestände) als auch eine instrumentell-qualifikatorische Dimension (die Fähigkeit, sich neue Technologien und Geräte anzueignen), welche die Individuen beherrschen sollen (vgl. ebd., 99). Ein weiterer wesentlicher Bestandteil der Medienkompetenz ist die Fähigkeit *Medienkritik* äußern zu können. Dabei sollte die Kritik analytisch, (selbst-)reflexiv und ethisch begründbar sein (vgl. ebd., 98). Medienkunde und -kritik bilden die Basis für die anschließende Mediennutzung sowie -gestaltung. Zusammengefasst wird damit die Dimension der Vermittlung bezeichnet. So beschreibt beispielsweise die *Mediennutzung* die Fähigkeit, Medienangebote zu konsumieren und für eigene Anliegen/Inhalte nutzbar zu machen. Wohingegen *Mediengestaltung* mehr meint als nur die Verbreitung von eigenen Inhalten, Produkten und Perspektiven. Sie befähigt vielmehr zur Partizipation (vgl. ebd., 99; Süss u. a. 2018, 116). Die Dimensionen nach Baacke erscheinen für einen vorläufigen Medienkompetenzbegriff als umfassend und können als Basis für ausdifferenziertere Konzepte, welche diverse Variablen, wie Geschlecht, Alter oder Bildungshintergrund berücksichtigen, verwendet werden.

Bestätigend kommt hinzu, dass seit dem Jahr 1995 die Medienkompetenz als eine Schlüsselqualifikation durch die Kultusministerkonferenz festgelegt worden ist (vgl. KMK 2012, 2). Grundsätzlich lassen sich Überschneidungen zwischen den Teilkompetenzen der Medienkompetenz (Medienpädagogik) und dem Aufgabengebiet der politischen Bildung feststellen (vgl. Manzel 2017, 208f.).

3.1.2 Bedeutung der Medienkompetenz für die politische Urteils- und Handlungsfähigkeit

> *„Trotz der weltweiten Ausbreitung der Massenmedien wissen aber viele Menschen nach wie vor nur sehr wenig über Politik, und das Wissen innerhalb der Gesellschaft ist heute sogar noch ungleicher verteilt als früher."*
> *(Maurer 2011, 65)*

Der kompetente und reflektierte Medienumgang von SuS stellt in der mediatisierten Welt eine Grundvoraussetzung dar, welche sich auch auf die politische Urteils- und Handlungsfähigkeit von diesen auswirkt. Politische Urteile werden auf Basis von vorhandenen Fachkonzepten sowie Argumentationsketten getroffen. Diese Fachkonzepte und -wissen müssen/sollen im Rahmen der politischen Bildung vermittelt werden.

Politische Urteils- und Handlungsfähigkeit sind nur zwei Kompetenzdimensionen der Politikkompetenz, zu der weiter Fachwissen und die politische Einstellung sowie Motivation hinzugezählt werden (vgl. Detjen u. a. 2012, 15). Sie können nicht isoliert voneinander betrachtet, sondern müssen immer als wechselseitige Bedingungen angesehen werden. Anhand politischer Urteilsfähigkeit sollen SuS dazu befähigt werden, politische Ergebnisse, Themen oder Probleme innerhalb gesellschaftlicher/ökonomischer/historischer Aspekte zu analysieren und reflektiert beurteilen zu können. Der Oberbegriff lässt sich in Feststellungs-, Erweiterungs-, Wert-, Entscheidungs- und Gestaltungsurteile unterteilen (vgl. Massing 2012, 25). Im Sinne der politischen Handlungsfähigkeit sollen die Lernenden dazu befähigt werden, ihre (eigene) Meinung und Interessen mündlich und schriftlich zu formulieren, diese vor anderen Personen zu vertreten und in Aushandlungsprozessen Kompromisse schließen zu können. Die Handlungsfähigkeit lässt sich in die Teilbereiche: Artikulieren, Argumentieren, Verhandeln und Entscheiden differenzieren (vgl. ebd., 26).

Die Medienkompetenz und der damit forcierte Umgang *mit* und *in* Medien ist eng mit dem Handlungsgebiet der politischen Bildung verbunden. Traditionelle und Neue Medien werden im Politikunterricht thematisiert, beispielsweise im Sinne einer vierten Macht – neben Exekutive, Judikative und Legislative – oder auch als Propagandainstrumente. Durch die Verschärfung von Phänomenen, wie Fake News, und durch die Digitalisierung müssen die bisherigen Konzepte der politischen Bildung angepasst werden. Dies kann nur erfolgreich sein, wenn diese mit dem Aufgabenbereich der Medienkompetenz verbunden sowie ergänzt werden.

3.2 Medienkompetenzförderung

> *„Medienkompetenz ist weder angeboren noch universell, sondern wird durch historisch und kulturell spezifische Sozialisationsprozesse erworben."*
> *(Hurrelmann 2003, 15)*

Im Sinne der Medienkompetenz als eine Schlüsselqualifikation, die erst erworben werden muss, bedarf diese einer besonderen Förderung. Diese Unterstützung findet sowohl im schulischen als auch im außerschulischen Rahmen statt und wird nachfolgend – hinsichtlich ihrer AkteurInnen, Zielaufträge und den aktuellen Herausforderungen – skizziert. Ergänzend zu den Teilbereichen der schulischen und außerschulischen Kompetenzförderung findet dies auch in der Erwachsenenbildung und in der beruflichen Bildung statt, dies wird jedoch im Rahmen dieser Arbeit nicht weiter thematisiert.

3.2.1 Schulische Medienkompetenzförderung

Die Mediatisierung der gesellschaftlichen, ökonomischen und politischen Wirklichkeit stellt auch die Institution Schule vor neue Herausforderungen. Neben den zentralen Zielen – die Erziehung zu mündigen Personen sowie die Stärkung einer partizipativen Gesellschaft – kommt es der Schule und den Lehrenden zu, die Medienkompetenz der SuS beständig zu fördern. Damit die Förderung und Vermittlung von medialen Kompetenzen einen lebenslangen Lernprozess unterstützen können, müssen die erlernten Werkzeuge und Teilkompetenzen unabhängig von konkreten Medien – mit anderen Worten, eine Allgemeingültigkeit besitzend – funktionieren. Im Zentrum einer schulischen Medienkompetenzförderung steht vornehmlich ein kompetenter und reflektierter Umgang mit allen Medienangeboten (vgl. Eickelmann 2017, 146).

Sowohl die einzelnen Bundesländer als auch die Kultusministerkonferenz haben sich mit der Frage beschäftigt, wie eine systematische Medienkompetenzförderung an Schulen funktionieren kann. Ziel ist es, ein konsensfähiges Konzept zu entwickeln, welches auf die Bedürfnisse der Neuen Medien eingeht und zu einer Steigerung von medienbewusstem Umgang der SuS führt (vgl. ebd., 146f.; KMK 2017). In den letzten Jahren wurden verschiedene Modellprojekte, Modellschulen und pädagogische Instrumente eingeführt, um Medienkompetenzen zu fördern. Die ICILS Studie[10] 2013 zeigte jedoch auf, dass beispielsweise Jugendliche aus sozioökonomisch schwächeren Schichten erhebliche Diskrepanzen hinsichtlich eines kompetenten und reflektierten Medienumganges aufwiesen. Ergänzend wurde in dieser Studie festgestellt, dass deutsche SuS im internationalen Vergleich nur ein mittleres Kompetenzniveau[11] erreichen konnten. Wenn man die Ergebnisse differenzierter betrachtet, konnten nur etwa 1,5 % der befragten Jugendlichen selbstständig und reflektiert mit Medien umgehen und selbst welche produzieren. Bezieht man die Ergebnisse der Datenerhebung auf die Ziele des (deutschen) Medienkompetenzniveaus, so konnten nur ein Viertel aller befragten SuS dieses Niveau erreichen (vgl. ebd., 147). Die Bilanz der ICILS-Studie 2013 für Deutschland wurde als alarmierend beurteilt (vgl. Medienkompetenz Portal NRW 2016).

Trotz der unzureichenden und beunruhigenden Ergebnisse der Studie wird beispielsweise im hessischen Kerncurriculum für die Schulformen Haupt-, Realschule und das Gymnasium – welche noch auf dem Stand von 2011 sind – die Medienkompetenz nicht als eigenständiger Kompetenzbereich der überfachlichen Kompetenzen genannt. Sie wird vielmehr innerhalb der Lernkompetenz verordnet. In diesem Zusammenhang ist die „Medienkompetenz (…) für die Erschließung von Informationen sowie zur Dokumentation von Ereignissen notwendig. Die differenzierte und zugleich kritische Nutzung neuer Medien gewinnt dabei zunehmend an Bedeutung“ (Hessisches Kultusministerium 2011a, 8; 2011b, 2011c). Ergänzend wird später erwähnt, dass die SuS ihre informelle Selbstbestimmung – Angabe und Verwendung von personenbezogenen Daten – eigenverantwortlich wahrnehmen sowie neben der kritischen und differenzierten Nutzung auch selbst gestalterisch tätig werden sollen (vgl. Hessisches Kultusministerium 2011a, 10). Dies erscheint in Anbetracht der Ergebnisse sowie der neuen technologischen Gegebenheiten (Echokammern, Fake News etc.) als unzureichend und veraltet.

Für eine funktionierende und langfristige Medienkompetenzförderung ist ein interprofessionelles Arbeiten aller schulischen AkteurInnen notwendig, wobei präzise Organisationen und Vorgaben empfehlenswert sind. Durch die Formulierung von Ist- und Soll-Zuständen kann ein genaues Vorgehen geplant und den Lehrenden Orientierungsmöglichkeiten angeboten werden. In

Bezug auf das kooperative Arbeiten sollten bereits im Vorfeld Zuständigkeitsdilemmata aufgeklärt und klare (Handlungs-)Aufgaben an die einzelnen AkteurInnen adressiert werden (vgl. Eickelmann 2017, 148). Ferner sollte die Medienkompetenz und deren Förderung fächerübergreifend präsent sein und auf einem Konzept des *mit* und *über* Lernen sowie Arbeiten mit Medien basieren. Durch die Verzahnung von fachinhaltlichen und methodischen Inhalten kann eine ganzheitliche Förderung realisiert werden (ebd., 149).

Die schulische Medienkompetenzförderung steht vor diversen Herausforderungen, welche unterschiedlicher Natur sind. Einerseits sind viele Schulen auf einem veralteten technologischen Stand, da zu den klassischen Unterrichtsmedien noch immer der Overheadprojektor gehört. Dieser könnte durch finanzielle Mittel und höhere Akzeptanz seitens der Lehrenden behoben werden. Andererseits findet in Deutschland bezüglich der Medienkompetenz keine flächendeckende und systematische Lehrerausbildung statt, was wiederum zu neuen Problematiken führt (vgl. ebd.). Neben einer bundesweit einheitlichen Medienkompetenzförderung von Lernenden, sollte es zudem zu einer Professionalisierung der Medienkompetenzen von Lehrenden sowie zu verpflichtenden Fortbildungen für diese kommen. Nur so kann das Ziel erreicht werden, dass alle Kinder zur gesellschaftlichen und digitalen Partizipation befähigt sowie ein lebenslanger kompetenter Medienumgang angestoßen wird (vgl. ebd., 152). Denn vor allem die schulischen Rahmenbedingungen – neben den sozialen, persönlichen und medialen Bedingungen – bestimmen, in welchen Maßen und Gebieten Medienkompetenzen gewonnen werden können (vgl. Hurrelmann 2003, 18).

3.2.2 Außerschulische Medienkompetenzförderung

Wie in den vorherigen Kapiteln bereits formuliert, wird die Medienkompetenz und deren Förderung als ein lebenslanger Prozess verstanden und bedarf aus diesem Grund ergänzende außerschulische Bildungsangebote. Diese Angebote und Förderung genießen in Deutschland eine lange Tradition und werden durch ein vielfältiges Trägernetzwerk realisiert.

Die Prinzipien der außerschulischen Medienkompetenzförderung können grob in zwei Richtungen unterteilt werden. Die methodisch-didaktischen sowie die inhaltlichen Prinzipien. Zu der methodisch-didaktischen Zielsetzung kann „das exemplarische und handelnde Lernen, die Selbstständigkeit der

Teilnehmenden" (Brüggen, Bröckling 2017, 157) und die freiwillige Teilnahme an Projekten der Jugendarbeit hinzugezählt werden (vgl. ebd.; Shell 1989, 155; Anfang, Demmler 2017, 27). Innerhalb der inhaltlichen Prinzipien wird versucht, die Interessen und persönlichen Voraussetzungen der Zielgruppe zu eruieren sowie gesellschaftliche (Rand-)Phänomene zu erörtern (vgl. Schrob 1995, 193). Beiden Richtungen sind einer Subjektorientierung gemein, welche sich mit den spezifischen Voraussetzungen und Interessen der Zielgruppe auseinandersetzen. Idealerweise sollten die Projekte beziehungsweise Angebote individuelle und kollektive Handlungsräume produzieren, die dennoch gegenstandsorientiert sein sollten (vgl. Brüggen, Bröckling 2017, 157).

Aus der strukturellen Perspektive erstreckt sich die außerschulische Medienkompetenzförderung über die gesamte Bildungskette, beginnend mit Angeboten im Kindergartenalter. Je nach Altersgruppe und Bildungsabschnitt lassen sich die Schwerpunktsetzungen sowohl ausdifferenzieren als auch inhaltlich variieren. Grundsätzlich soll den Kindern und Jugendlichen in geschützten Räumen ein selbstbestimmter sowie kritisch-reflektierter Umgang mit unterschiedlichsten Medienangeboten vermittelt werden. Anhand dieser Zielsetzungen lässt sich auch eine enge Verknüpfung mit den Aufgabenbereichen der politischen Bildung feststellen (vgl. ebd., 158f.).

Die außerschulische Förderung erfolgt durch verschiedene institutionelle – staatliche – und freie Träger, AkteurInnen und (medienpädagogische) Netzwerke. Viele öffentlich zugängliche Orte – wie Bibliotheken, Jugendeinrichtungen oder Museen – bieten Möglichkeiten für die Zielgruppen an. Die Angebote reichen von Seminaren, Workshops bis zu speziellen Inhalten im Internet. In der Regel sind die verschiedenen Anbietenden miteinander vernetzt, beispielsweise für thematische Verständigung oder um eine größere gesellschaftliche Relevanz zu erlangen. Als Paradebeispiel ist in diesem Zusammenhang die Bundeszentrale für politische Bildung (bpb) zu nennen, welche Träger und Netzwerk zugleich ist. Sie kreiert, fördert und initiiert schulische und außerschulische Projekte sowie Angebote für eine große divergente Zielgruppe. Innerhalb des bildungspolitischen Diskurses nimmt sie eine herausragende Rolle ein (vgl. ebd., 160f.). Als problematisch kann die Qualifikation der (ehrenamtlich) Mitarbeitenden der einzelnen Träger und Beteiligten gewertet werden, da diese teilweise gar keine oder nur wenige

Qualifikationen und Erfahrungen im medienpädagogischen Bereich besitzen. Im universitären Rahmen werden beispielsweise bei den Studienrichtungen „Soziale Arbeit und Sozialpädagogik zwar Angebote zur medienpädagogischen Qualifizierung“ (ebd., 162) vermittelt, jedoch sind diese größtenteils nur Grundqualifikationen, welche noch ergänzende Inhalte und Fortbildungen bedürfen. In den letzten Jahren hat sich in diesem Bereich ein steigender Bedarf nach Angeboten und Studiengängen entwickelt (vgl. Röll 2013, 85ff.).

Ebenso wie die schulische Medienkompetenzförderung steht auch die außerschulische Förderung vor aktuellen Herausforderungen, die sich durch die Mediatisierung der Lebenswelt ergeben. Zu diesen Herausforderungen gehört der zukünftige Umgang mit personenbezogenen Daten von Kindern und Jugendlichen sowie die hinterlassenen Datenspuren in den diversen sozialen Netzwerken und allgemein im Web 2.0. Innerhalb dieser Debatte wird die Frage aufgeworfen, inwieweit ein autonomer und bewusster Umgang mit Medien und unseren eigenen Daten – als die Ziele der Medienkompetenz, selbstbestimmt mit dem Medium Internet umgehen zu können – noch möglich ist. Als eine mögliche Antwort auf dieses Dilemma könnten die Ziele der Medienkompetenz dementsprechend angepasst werden, dass die Nutzenden diese Problematiken autonom wahrnehmen, erkennen und fachgerecht einordnen können (vgl. Brüggen, Bröckling 2017, 162).

Auch in der außerschulischen Medienkompetenzförderung lässt sich feststellen, dass es eine Diskrepanz im Medienumgang innerhalb des soziokulturellen Milieus gibt. In Bezug auf diesen Missstand sind offene (Angebots-)Räume sowie differenzierte Programme – je nach Zielgruppe – von großer Bedeutung, um den unterschiedlichen Medienumgang ein stückweit anpassen zu können (vgl. ebd., 163). Alle Angebote und Projekte basieren auf Freiwilligkeit sowie persönlichem Interesse im Sinne des Leitzieles Hilfe durch Selbsthilfe.[12] Dies bedeutet, dass die Projekte einen großen Lebensweltbezug oder Attraktivität besitzen sollten, damit sie für die angedachte Zielgruppe von Interesse sind und diese dazu motivieren, an solchen teilzunehmen. Durch Kooperationsprojekte mit schulischen Institutionen könnten die Angebote besser beworben sowie eine größere Reichweite erzielt werden (vgl. ebd., 163f.). Aus diesem Grunde sollten diese beiden Bereiche der Medienkompetenzförderung nicht als zwei isolierte Teilbereiche betrachtet werden.

4. Medienkritik

Medien werden schon seit jeher kritisch betrachtet und eben solange gehört die Medienkritik zu den zentralen Aufgaben der politischen Bildung und der Medienpädagogik. Im Gleichschritt mit gesellschaftlichen Veränderungen mussten sich auch die Perspektiven und Prämissen der Medienkritik verändern. Jedes Zeitalter benötigt eine individuelle Medienkritik, welche sich mit den spezifischen Eigenheiten, Herausforderungen und Potenzialen des im Fokus stehenden Medienspektrums auseinandersetzen muss. Folglich gibt es nicht nur eine Medienkritik, sondern viele verschiedene kritische Theorien.

Innerhalb dieses Kapitels soll der Entwicklungsprozess der „aktuellen" Medienkritik skizziert werden, wobei es sich um eine bildungspolitische Perspektive mit einer jugendlichen Zielgruppe handelt. Daran anschließend wird auch die Notwendigkeit einer Medienkritik sowie den daraus resultierenden Handlungsempfehlungen erläutert. Ein besonderer Fokus wird auf der Thematisierung von Medienkritik in der pädagogischen Dimension sowie deren aktuellen Herausforderungen für die politische Bildung gelegt.

4.1 Entwicklung einer (digitalen) Medienkritik

Für jedes Leitmedium existiert eine spezifische Medienkritik, welche sich in diverse Teilbereiche differenzieren lässt. Das Leitmedium Internet oder Web 2.0 befindet sich aktuell noch nicht am Ende seiner (technologischen) Entwicklung, weshalb sich die Medienkritik in einem ständigen Diskurs befindet. Im Verlauf der letzten 15 Jahren etablierte sich eine Medienkritik, welche ihren Schwerpunkt auf digitale Medien und die Frage *„Was machen die Menschen mit den Medien?"* fokussierte (Niesyto 2017, 267). Im pädagogischen Diskurs werden dabei die Medien besonders kritisch hinsichtlich ihrer potenziellen Gefahren für die Entwicklung von Heranwachsenden betrachtet. Im Allgemeinem gehören zu einer ganzheitlichen Medienkritik die Kommentierungs-/Interaktionspraktiken, Quellen-, Datenkritik sowie die grundsätzliche Kontextualisierung von Informationen (vgl. ebd., 267f.). Die Medienkritik als solche ist eine transparente, aber normativ ausgerichtete Betrachtung und Beurteilung von Medien, die eine wertbegründete Zielsetzung anstrebt. Eine pädagogische Ausrichtung forciert neben dem Aufbau von Beurteilungs- und Bewertungskompetenzen ebenso eine autonome Befähigung von Subjekten. Wie konkret die Medienkritik dabei formuliert wird, hängt stark vom ausgewählten Betrachtungsgegenstand – dem verwendeten Medienbegriff – ab (vgl. Kübler 2018, 15f.).

Die Medienkritik wird von vielen TheoretikerInnen als fester Bestandteil der Medienkompetenz aufgefasst und stellt somit eine Schlüsselqualifikation dar. Grundlegend für die Formulierung von Medienkritik ist das Vorhandensein von Faktenwissen sowie von Kriterien, nach denen die Medien beurteilt werden können. Bei der Durchführung von Auswahl- oder Bewertungs-prozessen nehmen normative Orientierungs- und Wertesysteme eine zentrale Rolle ein. Eines der bekanntesten Modelle zur Medienkritik gehört zu dem Medienkompetenzmodell von Dieter Baacke aus dem Jahr 1997. In diesem differenziert er die Medienkritik in drei Dimensionen: die analytische, reflexive und ethische Dimension. Die Fähigkeit, problematische gesellschaftliche und mediale Prozesse angemessen zu erfassen, wird der *analytischen Ebene* zugeschrieben. Innerhalb der *reflexiven Dimension* können die Nutzenden das erworbene Medienwissen auf sich selbst und ihren Medienumgang anwenden. Die *ethische Dimension* stellt eine Verknüpfung der analytischen und reflexiven Dimension dar und kann diese innerhalb eines sozialen sowie gesellschaftlichen Kontextes einordnen (vgl. Baacke 2013; Niesyto 2017, 268).

Ganguin entwickelte 2004 ein neues Medienkritikmodell, welches seinen Fokus auf die Kategorisierung sowie kriterienbezogene Differenzierung von Teildimensionen legt. Das Modell beschreibt ein komplexes und mehrdimensionales Konstrukt, deren Dimensionen aufeinander aufbauen. Die *Wahrnehmungsfähigkeit* bildet die Basis für die nachfolgenden Dimensionen und beschreibt die Fähigkeit, mediale Strukturen und Wirkungen wahrzunehmen. Die Sprache der Medien – Codes, Symbole und Muster – sollen anhand der *Decodierungsfähigkeit* entschlüsselt und weiterverarbeitet werden können. Rationale Klassifikationen und Differenzierungen von Medieninhalten sollen durch *Analysefähigkeiten* umgesetzt werden. Durch Perspektivwechsel und die Möglichkeit, sich von den einzelnen Angeboten distanzieren zu können, soll die *Reflexionsfähigkeit* angewendet werden. Die letzte Dimension des Modells beschreibt die *Urteilsfähigkeit*, welche auf Grundlage der anderen

Fähigkeiten eine objektive und subjektive Beurteilung ermöglichen soll (vgl. ebd., 268f.; Ganguin 2004, 4).
Als exemplarische Problemfelder der aktuellen Medienkritik lassen sich die Kommerzialisierung von medialen Räumen, die Entstehung neuer Machtstrukturen, soziale Ungleichheit, Mensch-Computer-Schnittstellen sowie eine beschleunigte Alltagskommunikation anführen (vgl. Nieysto 2018, 62).

4.2 Notwendigkeit einer Medienkritik

Die Ausübung sowie Formulierung von Kritik am gesellschaftlichen Mediensystem gehören zu den grundlegendsten Aufgaben mündiger BürgerInnen in einer demokratisch freiheitlichen Gesellschaft. Die Soziologen Horkheimer und Adorno merkten in diversen Publikationen an, dass das kulturelle Mediensystem, welches durch die „Kulturindustrie"[13] an die Rezipierenden weitergegeben wird, zu einer strukturellen Anpassung führe. Das bedeutet in der Konsequenz, dass „der letzte Ort, von dem aus noch Kritik geübt werden könnte" (Leschke 2007, 182) durch diese Angleichung verschwinden würde. Die Etablierung und beständige Weiterentwicklung einer (gesellschaftlichen) Medienkritik ist aus diesem Grund unverzichtbar (vgl. Schweppenhäuser 2018, 117).

„Das Netz droht von einem Medium der Information zu einem Vehikel der Desinformation zu werden."
(Müller von Blumencron 2015)

Die kritische Bildung, Theorie sowie das kritische Denken als solches sind elementare Bestandteile einer umfassenden und langlebigen Bildung. Über die Notwendigkeit einer Medienkritik besteht – vor allem im pädagogischen und wissenschaftlichen Diskurs – kein Zweifel, jedoch gestaltet sich die Etablierung eines Definitionskonsenses als problematisch. Kritik und kritisches Denken sind im Alltagsgebrauch überwiegend negativ konnotiert und können dadurch auch die Wahrnehmung und das Aufgabenverständnis der Medienkritik beeinflussen (vgl. Buckingham 2018, 45ff.). Jedoch machen die neuen digitalen Machtstrukturen, die sich durch die Mediatisierung ergeben, eine fokussierte Medienkritik unabdingbar. Die Macht der „Frightful Five"[14] ist für die meisten Nutzenden weniger offensichtlich als die (früheren) Machtstrukturen der Massenmedien und bedarf deswegen ausführlicher Analyse- und Bewertungsprozesse. Sie treten als neutrale Anbietende des Informations- und Technologiezeitalters auf und übernehmen für die hochgeladenen Inhalte keine Verantwortung. Umso wichtiger erscheinen die pädagogischen Reflexionen und Bewertungen dieser Inhalte (vgl. ebd., 57; Sander 2017, 130). Im Allgemeinen Kontext der Digitalisierung ist eine stärkere Fokussierung auf gesellschaftliche und medienkritische Kompetenzen als sinnvoll zu bewerten (vgl. Niesyto 2018, 62).

4.3 Medienkritik innerhalb der pädagogischen Dimension

Die Formulierung einer pädagogischen Medienkritik kann als eine unverzichtbare Säule der übergeordneten Medienkompetenz angesehen werden. Sie konstruiert Diagnoseinstrumente, analysiert mediale Handlungsräume von Heranwachsenden und bietet Konzeptualisierungs- sowie Evaluationsmöglichkeiten an (vgl. Spanhel 2018, 110). „Neue" pädagogische Medienkritikmodelle und -konzepte entstehen aufgrund von veränderten Ausgangslagen und Aufgabenbereichen und sollen die Kinder und Jugendlichen von potenziellen Gefahren sowie Entwicklungsbeeinträchtigungen schützen.

Die Mediatisierung erfordert eine neue und umfassende Medienkritik, da die reine Vermittlung von Kritikfähigkeit an die SuS nicht mehr ausreicht, um die Vielzahl von neuen Aufgaben der Digitalisierung zu bewältigen (vgl. Nieysto 2018). Kinder und Jugendliche müssen als aktive Subjekte wahrgenommen werden, die durch ihre Internetaktivitäten neue Handlungs-, Kommunikationsmuster sowie Medienwelten konstruieren können. Sie verkörpern damit eine hohe Relevanz für die Weiterentwicklung des Mediensystems, weswegen Unternehmen sie als Zielgruppe auffassen und ihre Aktivitäten besonders beobachten (vgl. Spanhel 2018, 110ff.) Die „enorme *Zunahme an Beobachtungsmöglichkeiten zweiter Ordnung* (…)" (ebd., 115, Hervorhebung im Original) sowie die fehlende Nachvollziehbarkeit und Intransparenz, wer alles auf die hochgeladenen Inhalte und die personenbezogenen Daten zugreifen kann, kann in der Folge zu Verunsicherung und fehlenden Orientierungen aufseiten der Heranwachsenden führen (vgl. ebd.; Espositio 2010, 166). Sie bedürfen demnach eines besonderen Schutzes vor ökonomischer Überforderung beziehungsweise Beeinflussung, welcher mit dem des Beutelsbacher Konsens vergleichbar wäre.

Die Forderung nach einer umfassenden Medienkritik meint dabei jedoch nicht nur *eine* Medienkritik, sondern es werden ausdifferenziertere Konzepte der Medienkritik benötigt. Diese Konzepte sollten die Altersstufen, die Lebensbedingungen (soziale Milieus) sowie die realen und virtuellen Handlungsräume der Zielgruppen beachten. Jugendliche sind eng mit den jeweiligen Handlungsräumen verknüpft und beeinflussen sich gegenseitig in ihrem Handeln. Zu den Aufgaben der Medienkritik gehört es dabei auch kritisch zu hinterfragen, inwieweit sich diese wechselseitigen „Beziehungen" auf die Entwicklungsprozesse der Heranwachsenden auswirkt oder auswirken kann (vgl. ebd., 110). Innerhalb der pädagogischen Medienkritik wird die Notwendigkeit einer Kontextsteuerung des Medienumganges formuliert, welche als Steuerungs- und Kontrollinstrumente für den medialen Zusammenhang agieren könnten. Die zugrunde liegenden Systeme und Kontexte zeichnen sich durch eine gesteigerte Komplexität aus, welche diverse Anforderungen an die Zielgruppe stellt (vgl. Spanhel 2014, 140ff.). Idealerweise erfolgt die „Kontextsteuerung im Spannungsfeld von Rahmensetzung, Autonomiegewährung und pädagogischer Begleitung" (Spanhel 2018, 120), wodurch sich „gesicherte" Handlungs- und Entwicklungsräume für die Heranwachsenden ergeben sollen.

Zu einer ganzheitlichen Medienkritik im Sinne des pädagogischen Diskurses gehört weiter die kritische Betrachtung und Verwendungsbewertung von Bildern innerhalb medialer Angebote. Die Vermittlung von ästhetischen Kompetenzen sowie die Bildkompetenz als solche stellt – ebenso wie die Medienkompetenz – eine Schlüsselkompetenz in einer digitalen Gesellschaft dar (vgl. Bohlken 2018, 279).

> *„(...) dass die Bilder die Welt nicht zeigen, wie sie ist, sondern dass Bilder in Abhängigkeit von Interessen und Standpunkten des Zeigens Aussagen konstruieren und kommunizierbar machen."*
> *(Duncker, Lieber 2013, 8)*

Die Inhalte des Web 2.0 – insbesondere die der sozialen Netzwerke – basieren zu einem großen Teil auf der Produktion und Verbreitung von visuellen oder audiovisuellen Inhalten. Aus diesem Grund ist es bedeutsam, dass SuS Bilder oder Videos als gleichberechtigte Informationsträger – neben klassischen Textformen – wahrnehmen und „entschlüsseln" können. Die Vermittlung und Förderung von Bildliteralität[15] und einer damit verbundenen ästhetischen Alphabetisierung sollten – parallel zur Medienkompetenz – als fächerübergreifende Ziele und Aufgaben der Institution Schule verstanden werden (vgl. Duncker, Lieber 2013; Gansel 2018, 5).

4.4 Aktuelle Herausforderungen der Medienkritik

Mit Beginn der Digitalisierung hatte sich vor allem eine medieneuphorische Perspektive etabliert, welche sich aus dem technologischen Fortschritt mannigfaltige positive Ergebnisse und Folgeentwicklungen versprochen hatte (vgl. Buckingham 2018, 56). Neben den positiven Effekten existieren jedoch auch eine Vielzahl von negativen Phänomenen und viele Auswirkungen können zum aktuellen Zeitpunkt noch nicht überblickt werden. Dies stellt die Disziplin der Medienpädagogik, und die dazu fest verankerte Medienkritik, vor neue Herausforderungen und erfordert zeitgemäße Konzepte.

> *„Die Grundidee der Netzutopie war ja, mehr Information macht automatisch mündiger. Heute können wir sagen, mehr Information verunsichert ganz offensichtlich und steigert die Chancen effektiver Desinformation."*
> *(Pörksen 2018)*

Die Herausforderungen betreffen diverse gesellschaftliche, ökonomische sowie politische Prozesse und können nur langfristig in Angriff genommen werden. Nach David Buckingham (2018) sollte sich die Medienkritik zu Beginn mit grundsätzlichen Schlüsselkonzepten und Gegenstandsbereichen auseinandersetzen. Diese sind unter anderem der Umgang mit den Medien sowie die dort verwendete Sprache. Eine beständige gesellschaftliche Beschäftigung und Auseinandersetzung mit unterschiedlichen Medienangeboten ist notwendig, um langfristig ein soziales Interagieren – abseits von Cyber-Mobbing, Hate Speech oder Fake News – aufrecht erhalten zu können (vgl. Niesyto, Moser 2018, 8). Ferner müssen die Strukturen der Medienunternehmen und deren wirtschaftlichen Strategien näher untersucht werden. Die neuen Machtstrukturen sind aufgrund ihrer hohen Komplexität und den diversen Unternehmensverflechtungen – besonders hinsichtlich der unterschiedlichen Tochterunternehmen oder Aktienbeteiligungen – für die meisten Nutzenden intransparent und nicht offensichtlich erkennbar. Ergänzend muss die Repräsentation von gesellschaftlichen Gruppen im Web 2.0 und deren eigene Darstellung in diesen untersucht werden (vgl. Buckingham 2018, 57).

Ziel der Disziplin ist es nicht, vorgefertigte Meinungen und Urteile zu reproduzieren, sondern einen dynamischen Diskurs zwischen Theorie und Praxis anzuregen. Neben der kritischen Hinterfragung von Schlüsselkompetenzen muss auch das eigene Handeln kritisch reflektiert werden. Durch Debatten und Dialoge soll es zu einer umfassenden Beleuchtung der Thematik kommen (vgl. ebd.).

5. Soziale Medien

Das Angebot der sozialen Medien ist genauso vielfältig wie die synonym verwendeten Begriffe oder die daraus resultierenden positiven als auch negativen Phänomene. Es ist jedoch festzuhalten, dass es primär nicht um den technischen Aspekt der neuen Technologien geht, sondern dass sie als Mittel zum Zweck für die Anschlusskommunikation von den Rezipierenden betrachtet werden. Im Fokus der sozialen Medien stehen die UserInnen, deren Interaktionsmöglichkeiten sowie das permanente Produzieren von neuen Inhalten für die Gemeinschaft. Soziale Medien haben die „Macht", die Horizonte ihrer Nutzenden zu erweitern und sie gleichzeitig zu begrenzen. Sie vereinen Öffentliches sowie Privates und dienen den meisten Nutzenden als Unterhaltungsmedium. Durch die enge gesellschaftliche Verflechtung des neuen Medienangebotes erscheint eine interdisziplinäre Annäherung an das Thema sinnvoll, wobei die sozialwissenschaftliche, die kulturelle und politische Ebene betrachtet werden müssen. Eine allumfassende und klare Verordnung des vielfältigen Themengebietes kann nicht in Gänze angestrebt werden, sondern begrenzt sich in der Regel auf konkrete Fragestellungen (vgl. Ebersbach u. a. 2016, 11).

Nachfolgend wird die Entwicklung sowie Verbreitung von sozialen Medien im deutschsprachigen Raum skizziert, wobei auf die daraus resultierenden Funktionen und Einsatzgebiete eingegangen wird. Ein weiterer Fokus wird auf der Identitätsbildung von Kindern und Jugendlichen in sozialen Netzwerken gelegt, welche eng mit dem Kapitel der Mediensozialisation (Kapitel 2.4) verbunden ist. Ferner wird thematisiert, inwieweit soziale Medien als Kommunikationsmittel zu betrachten sind und wodurch sich private und öffentliche Kommunikationsprozesse charakterisieren lassen. Im Kontext aktueller politischer und gesellschaftlicher Debatten wird ebenfalls beleuchtet, wie sich politische Kommunikation beispielsweise bei Wahlkämpfen durch das neue Medienspektrum verändert hat. Neben den positiven Faktoren werden abschließend die Schattenseiten der sozialen Medien thematisiert, wobei der Aspekt der „neuen“ Kontroll- und Überwachungsinstrumente näher untersucht wird. Ebenso werden Phänomene wie Social Bots, Filterblasen/Echokammern und Fake News skizziert und hinsichtlich ihres gesellschaftlichen Risikos bewertet.

5.1 Entwicklung und Verbreitung von sozialen Medien

Mit dem Gebrauch von sozialen Medien werden verschiedene Funktionen und Möglichkeiten verbunden. Als elementare Entwicklung ist dabei die Vermischung der Produzenten- und Konsumentenrolle (Producer) [16] zu bezeichnen (vgl. Knop 2017, 375). Eine allumfassende Definition[17] sowie Abgrenzung des Begriffes ist aufgrund der zunehmenden Konvergenz des vorhandenen Medienangebotes problematisch (vgl. Eisemann 2015, 27). Gemein ist allen Angeboten die Möglichkeit, ein individuelles Benutzungsprofil anzulegen, sich mit anderen Nutzenden zu verlinken, über die Anbietenden zu kommunizieren und eigene Inhalte zu produzieren. Die steigende Beliebtheit von Videoplattformen wie Vimeo[18] oder Youtube dokumentieren den Wandel des Rezeptionsverhaltens von Konsumierenden hin zur Online-Bewegtbildnutzung (vgl. Engel, Best 2012, 63). Ergänzend lässt sich eine plattformunabhängige Verwendung von Bildern, Texten, Audioaufnahmen oder Videos feststellen, die in Kombination oder einzeln verwendet werden können (vgl. Knop 2017, 375).

Taddicken und Schmidt formulieren einen Gattungsdifferenzierungsversuch von vier Formen sozialer Medien, welche die dynamischen Entwicklungen berücksichtigen sollen. So unterscheiden sie zwischen „Plattformen, Personal Publishing, Instant Messaging/Chat und Wikis“ (Taddicken, Schmidt 2017a, 3). Unter *Plattformen* werden im Allgemeinen soziale Netzwerke[19] oder Communities verstanden, welche den Nutzenden die Möglichkeit der Vernetzung und Selbstpräsentation bieten. Youtube oder Instagram können als Multimedia-Plattformen gezählt werden, welche sich um spezifische Inhalte – Videos oder Bilder – herum strukturieren. Formate des *Personal Publishings* heben die Rolle der UrheberInnen/Produzierenden/KünstlerInnen hervor. Typische Formen sind dabei Weblogs, Microblogs oder Podcast. *Instant Messaging/Chats* wird vornehmlich mit Anbietenden wie WhatsApp[20] oder Snapchat assoziiert, welche die synchrone Kommunikation mit einer oder mehreren Personen ermöglichen. *Wikis* – welche durch eine Vielzahl von AutorInnen betrieben und erweitert werden können – werden für den Wissensaustausch genutzt. Das bekannteste und am häufigsten frequentierteste Wiki-Angebot stellt die Online-Enzyklopädie Wikipedia dar (vgl. Knop 2017, 375f.).

Aufgrund der ständigen Nutzbarkeit der Angebote kann von einer „ubiquitäre[n] Verfügbarkeit und maximaler Alltagsintegration“ (ebd., 375) gesprochen werden. Von Kindern und Jugendlichen werden vor allem Angebote von Multimedia-Plattformen – Youtube, Instagram, Snapchat etc. – in Anspruch genommen. Die JIM-Studie 2015 stellte dabei zudem fest, dass sich Heranwachsende spätestens ab dem 13. Lebensjahr in/auf ungefähr drei Communities/Plattformen aktiv sind (vgl. mpfs 2015). In diesem Kontext muss darauf hingewiesen werden, dass es sich bei den Angeboten Instagram und WhatsApp um Tochterunternehmen des Facebook-Konzerns handelt. Somit werden zwar diverse Dienste genutzt, jedoch innerhalb eines Marktteilnehmenden. Der Facebook-Konzern stellt dabei kein Einzelfall dar, sondern es kann eine zunehmende Zentralisierung des Web 2.0 auf wenige Anbietende beobachtet werden (vgl. Leister 2017, 245; Sander 2017, 131). Aktuelle Studien belegen zudem eine hohe Verbreitung/Nutzung von sozialen Medien in Deutschland und zeigen auf, dass die Dienste als gesellschaftlich etabliert gelten. Große Teile der Bevölkerung greifen regelmäßig auf die medialen Angebote zu (vgl. Taddicken, Schmidt 2017a, 19).

5.1.1 Funktionen, Praktiken und Möglichkeiten

Soziale Medien bieten den Nutzenden diverse Möglichkeiten sowie Dienste an und verkörpern weiter eine hohe Funktionalität. Zu den zentralen Nutzungsmotiven kann dabei die Beziehungspflege gezählt werden (vgl. Knop 2017, 377; Taddicken, Schmidt 2017a, 16). Die Angebote lassen sich jedoch nicht auf ein bestimmtes Einsatzgebiet beschränken, sondern müssen als eine

Verschränkung mit anderen Nutzungskontexten verstanden werden. Beziehungspflege, kulturelle Partizipation, Informationssuche sowie die professionelle/berufliche Verwendung gehören zu diesem Anwendungsspektrum hinzu (vgl. ebd., 19).

Taddicken und Schmidt identifizieren sieben Teilfunktionen[21] von sozialen Medien. Diese sollen als Handlungsoptionen verstanden werden, welche den „‚Aufforderungscharakter' technischer Artefakte" (Taddicken, Schmidt 2017b, 24) verdeutlichen. Erstellen, Veröffentlichen, Kommentieren, Annotieren, Weiterleiten, Abonnieren und Vernetzen können als medienübergreifende Teilfunktionen identifiziert werden (vgl. ebd.).
Aus den medialen Angeboten lassen sich drei grundlegende Praktiken – Identität-, Beziehungs- und Informationsmanagement – ableiten, welche als elementare Entwicklungsaufgaben des modernen Menschen aufgefasst werden können. Das *Identitätsmanagement* weist eine hohe Verbindung mit der eigenen Selbstauseinandersetzung (*Wer bin ich?*) auf und ermöglicht es, Aspekte der eigenen Person anderen zugänglich zu machen (vgl. ebd., 31f.). Soziale Aushandlungsprozesse (*Wo ist mein gesellschaftlicher Platz?*) sowie die Pflege von alten und neuen Kontakten können über das *Beziehungsmanagement* realisiert werden (vgl. ebd., 33). Das *Informationsmanagement* übernimmt für das Subjekt die Aufgabe der Informationsauswahl sowie -bewertung. Ergänzend kann es der Sachauseinandersetzung (*Welche Orientierungsmöglichkeiten existieren in der Welt?*) zugerechnet werden (vgl. ebd.).

Das Web 2.0 bietet, unterstützt und initiiert eine Vielzahl von Möglichkeiten, Funktionen und Praktiken. Im Kontext seines omnipräsenten Charakters sowie der zunehmenden Verschränkung von Wirkungsmechanismen ist eine klare Trennung von Online- und Offline-Verhalten in der (westlichen) Welt nicht mehr möglich (vgl. ebd.).

5.1.2 Identitätsbildung in sozialen Medien

Die Suche von Jugendlichen nach der eigenen Identität sowie deren Festigung erfolgt zu einem großen Teil in der digitalen Lebenswelt. Mobile Endgeräte – wie Smartphones, Smartwatches oder Tablets – verbinden die jungen Erwachsenen mit ihrer Peer-Group und dienen als Verbindungsinstrumente. Die Kommunikation verläuft über diverse soziale Plattformen, welche in regelmäßigen Zeitabständen überprüft werden (vgl. Döring 2015a, 13; mpfs 2015).

Den aktuellen verlaufenden gesellschaftlichen und technologischen Dynamiken ist auch der Identitätsprozess von Jugendlichen unterworfen. Sowohl die beiden Begriffe „Identität" und „Jugend" sowie deren Verständnis haben eine historische Entwicklung durchlaufen, wodurch sich in der Konsequenz auch die Gewichtung verlagert hat (vgl. Hagedorn 2014, 20). Die Suche nach der eigenen Identität und die Entwicklung dieser ist als ein permanenter Aushandlungsprozess zu verstehen, welcher eine zentrale Rolle in der Jugendphase darstellt, jedoch zeitlebens verläuft. Während des Aushandlungsprozesses oder auch der Identitätsarbeit versuchen die Jugendlichen ihre eigene Selbstwahrnehmung mit den gesellschaftlichen Normen und akzeptierten Verhaltensweisen in Einklang zu bringen (vgl. Keupp 2017, 153; Krappmann 2005, 7).

Innerhalb dieses Prozesses beschäftigen sich die Jugendlichen im Regelfall mit einer Vielzahl von (existenziellen) Themen, wie dem Tod, dem Sinn des Lebens oder auch mit Religionen. Ergänzend wird die Identitätsfrage auch durch andere Identitätsteilbereiche bestimmt, dies ist hinsichtlich der Geschlechteridentität oder dem ethnischen Zugehörigkeitsgefühl zu beobachten (vgl. ebd., 153f.). Grob zusammengefasst wird die Identität „in Kommunikation, in Auseinandersetzung mit anderen Personen und auf der Basis von Rollenerfahrungen und Rollenübernahmen gebildet" (Mead 2013, 177f.; vgl. Würfel 2012, 89). Innerhalb dieses theoretischen Konstruktes kann weiter festgehalten werden, dass die Identität prozessual ist, Veränderungen unterliegt und dennoch als Bestandteil der gesellschaftlichen Machtverhältnisse aufgefasst wird (vgl. Wegener 2010, 58).

> *„Im eigentätigen kommunikativen und produktiven Medienhandeln wird die Medienwelt neben einer mentalen Orientierungsquelle zu einem Handlungsraum der Weltaneignung und Persönlichkeitsentwicklung und die Bedeutung für die im Jugendalter zentrale Arbeit an einer kohärenten Identität wächst."*
> *(Theunert 2011, 25)*

Der Umgang mit (Neuen) Medien stellt ein zentrales Instrument bei der Identitätssuche von Jugendlichen dar und bietet diesen vielfältige Kommunikations- und Handlungsräume an. Diese neuen Aktions-/Erlebnisräume dienen teils zur Fortführung von begonnener Kommunikation, teils als Erweiterung realer Interaktionen (vgl. ebd.). In einem Forschungsprojekt wurde festgestellt, dass Jugendliche in medialen Angeboten sowohl personale als auch soziale Identitätsprozesse[22] durchlaufen können und in der Lage sind, virtuelle Gemeinschaften zu gründen (vgl. Thomas 2007; Hepp u. a. 2014, 227ff.). Zusätzlich können in digitalen Welten verschiedene Identitätsentwürfe getestet und wieder verworfen werden, ohne diese öffentlich präsentieren und damit der Bewertung freigeben zu müssen. Digitale Communities können, ebenso wie Gesellschaften, positive wie negative Rückmeldungen und Anerkennungen ermöglichen (vgl. Tillmann 2008, 28f.,103ff.). Keupp formuliert beispielsweise die These, dass Netzidentitäten im Zuge einer zunehmenden Mediatisierung immer wichtiger für die Identitätssuche werden (vgl. Keupp 2017, 157). Neben den positiven Auswirkungen von Medien auf den Identitätsbildungsprozess, entstehen durch die omnipräsente Benutzung auch Risiken für diesen und somit für die Gesellschaft. Medieninhalte vermitteln und skizzieren permanent (wirkungsmächtige) Narrative und damit verbunden auch Stereotypen, welche sich schädlich auf den Identitätsprozess auswirken können (vgl. ebd., 159). Hinzukommend erlauben die medialen Angebote „mobiles und vielfach unbegrenztes Konsumieren und Verbreiten von jugendgefährdenden Inhalten“ (ebd., 154). Gefährdende Inhalte benötigen einen funktionierenden Jugendmedienschutz, ein entsprechendes familiäres Setting sowie ausreichende mediale Kompetenzen aufseiten der Jugendlichen, um angemessen mit den Inhalten umgehen zu können (vgl. ebd.). Vielfach wird auch die Orientierung an „falschen oder schlechten“ Vorbildern im Web 2.0 befürchtet, was hinsichtlich der Etablierung von sogenannten InfluencerInnen und deren enormen Reichweiten an Bedeutung zugenommen hat. Nachfolgend wird die Rolle von InfluencerInnen beziehungsweise Youtube-Stars hinsichtlich der Identitätsbildung von Jugendlichen skizziert.

Social-Media-Stars – seien es Youtube- oder Instagram-Stars – dienen für viele Jugendliche als ein Vorbild, welchem sie nacheifern wollen. Gerade im Rahmen der jugendlichen Identitätsbildung bieten sich die Stars als Orientierungsmöglichkeiten an. Oftmals wird den Social-Media-Stars unterstellt, dass sie sich durch Selbstvermarktung nur profilieren wollen und keine „wertvollen“ Inhalte an ihre Fans weitergeben. Sie werden in erster Linie als

UnterhaltungsakteurInnen betrachtet und bieten ihren Nutzenden weniger Inhalte an, als in den klassischen Medienangeboten zu finden sind. Allerdings muss festgehalten werden, dass die Stars neben ihrem Unterhaltungsprogramm auch Fragen und Gegenstände thematisieren, welche für Jugendliche von großer Bedeutung sind. Sie reden über (Cyber-)Mobbing; körperliche Begleiterscheinungen der Pubertät (Akne, Schamhaare usw.); Depressionen; Konflikte mit Eltern, Freunden, Lehrenden; sexuelle (Gewalt-)Erfahrungen und Konsum von Alkohol und/oder Drogen (vgl. Döring 2016). Außerhalb der Mainstream-YoutuberInnen finden sich verschiedene Agierende, die beispielsweise eine positive Identitätsbestätigung sowie Vorbilder für homosexuelle, bisexuelle, asexuelle und transsexuelle Jugendliche darstellen können (vgl. Döring 2017, 352).

Die Annahme, dass Social-Media-Stars an Jugendliche vornehmlich falsche sowie gefährliche Weltbilder vermitteln, greift zu kurz und grenzt verschiedene Medieninhalte aus. Häufig versuchen die Stars an ihre FollowerInnen[23] ein Leben in einer Hochglanz-Welt mit utopischen Reichtums- und Schönheitsidealen zu vermitteln, ähnlich wie bei klassischen unterhaltenden Medienformaten. Diese Inszenierungen transportieren an das (junge) Publikum, wenn sie die Inhalte unreflektiert und unkritisch betrachten, ein falsches Weltbild sowie Wertesystem, welches potenzielle Gefahren generieren kann. Jedoch lassen sich den diversen Medienangeboten nicht nur pauschal negative oder nur positive Effekte zuschreiben, denn es handelt sich um ambivalente Effekte. Neben den negativen Beispielen gibt es auch viele positive Beispiele/Inhalte, welche Erziehungsfunktionen übernehmen oder auf die vorhandene Diskrepanz zwischen der Realität und den sozialen Medien hinweisen (vgl. Döring 2018, 19f.).

5.2 Soziale Medien als Kommunikationsmittel

Die Mediatisierung des gesellschaftlichen, politischen und ökonomischen Alltages wird zunehmend durch eine „zeitliche, räumliche und soziale Verbreitung von medienvermittelter Kommunikation“ (Hepp u. a. 2014, 191) markiert. Die großen sozialen Netzwerke wie *Facebook* (2004), *Youtube* (2005), *Twitter* (2006), *Instagram* (2010), *Snapchat* (2011) und *TikTok* (2018) ermöglichen es einer breiten Öffentlichkeit auf diverse Inhalte zuzugreifen, selbst Inhalte zu produzieren und miteinander zu kommunizieren.

Dies führte in den folgenden Jahren zu einer Beschleunigung der (Anschluss-)Kommunikation sowie zur Entwicklung von weiteren sozialen Netzwerken (vgl. Apel 2018, 67; Schmidt 2018, 28).

Die flächendeckende Verbreitung von mobilen Endgeräten sowie die diversen (kostenfreien) Medienangebote führten zu einem grundlegenden Öffentlichkeitswandel, hin zu einer partizipativen Medienkultur (vgl. Biermann u. a. 2014, 7). Im Rahmen dieser Neuen Medienkultur wächst die Bereitschaft und das Interesse selbst Inhalte zu produzieren[24] sowie aktiv am öffentlichen Meinungsdiskurs teilzunehmen. Die neuen Interessen werden durch verschiedene partizipative Medienformate bedient und beeinflussen das gesellschaftliche Verständnis von Interaktionsmöglichkeiten und -regeln (vgl. Apel 2018, 205).

5.2.1 Private und öffentliche Interaktionsmöglichkeiten

Durch die permanenten Möglichkeiten und Funktionen des Web 2.0 hat sich das Interaktionsverhalten innerhalb der Gesellschaft gewandelt. Die Grenzen zwischen privater, öffentlicher oder auch beruflicher Kommunikation verschwinden zunehmend, da im Regelfall alle Aktivitäten über ein technisches Gerät[25] abgewickelt werden. Ergänzend hat sich auch „das Verhältnis zwischen Sender und Empfänger beziehungsweise Produzent, da die Neuen Medien dem Einzelnen zahlreiche Möglichkeiten der direkten Kommunikation und der *one to many*-Kommunikation bieten“ (Bohlken 2018, 278, Hervorhebung im Original) tiefgreifend verändert.

Unter der *one to many*-Kommunikation können diverse Massen- und Broadcastmedien verstanden werden, wobei eine sendende Person mit einer breiten Masse kommuniziert (vgl. Schmidt 2016, 286). BloggerInnen oder InfluencerInnen lassen sich als solche Agierende identifizieren, eine exakte Unterscheidung zwischen öffentlichen und privaten Inhalten ist nicht möglich. Zu dem Geschäftsmodell von InfluencerInnen – zu denen auch YoutuberInnen gezählt werden können – gehört die Vermittlung von Nähe und (exklusive) Einblicke in deren „Privatleben“ (vgl. Gebel, Brüggen 2017, 9f.).

One to one oder *one to few*-Kommunikationsformen beschreiben klassische Interaktionsformen, welche sich durch dialogische Muster und durch klare SenderIn- und EmpfängerIn-Rollen charakterisieren lassen. Im „realen“ Raum werden diese Kommunikationsformen als direkte/unmittelbare oder face-to-face-Interaktionen bezeichnet (vgl. Schmidt 2016, 286). Prinzipiell können Interaktionen im öffentlichen, privaten oder beruflichen Kontext stattfinden, jedoch zeichnen sich diese dann durch spezifische Regelungen oder Äußerungen aus. Eine Unterhaltung/Online-Konversation mit einem Arbeitskollegen oder einer (potenziellen) Geschäftspartnerin wird mehr sprachliche Elemente der Distanz enthalten als eine familiäre oder freundschaftliche Kommunikation (vgl. Reiger 1997, 60; Koch, Österreicher 2010, 15).

Eine neue Kommunikationsform des Web 2.0 sind die *Mensch-Maschinen-Interaktionen,* welche anhand von Social Bots oder auf Algorithmus[26] basierenden Inhalten realisiert werden (vgl. Schmidt 2016, 286). Social Bots sind automatisierte Computerprogramme, welche unterschiedliche Aufgaben erledigen oder Funktionen übernehmen. Zu ihren Charakteristika gehört die programmierte Nachahmung von menschlichen Verhalten, wobei ihre Motive und Ziele unterschiedlichen Ursprungs sein können (siehe Kapitel 5.3.2) (vgl. bpb 2017). Im Regelfall lässt sich diese Kommunikationsform der öffentlichen oder geschäftlichen Interaktion zuordnen, Ausnahmen können private Fake-Accounts darstellen.

Kritisierende sehen in der beschleunigten Anschlusskommunikation sowie in den mannigfaltigen direkten Interaktionsmöglichkeiten durch jeden Nutzenden die Aufweichung der Gatekeeper-Funktion[27] von journalistischen Inhalten. Ferner wird in der Konsequenz eine „Transformation der Massenmedien“ (Heesen 2016, 5) vermutet, welche neue Gesetze[28] und Regulierungen bedarf (vgl. Bohlken 2018, 278; Sander 2017, 137). Das Web 2.0 stellt ein hybrides Medium dar, welches sich durch die Verflechtung von realen (offline) und virtuellen (online) Erlebnisräumen kennzeichnet (vgl. Schmidt 2016, 285). Kommunikationsformen wie Cyber-Mobbing oder Hate Speech sind jedoch keine onlinebezogenen Phänomene, sondern lassen sich in abgewandelter Form auch in der direkten face-to-face Interaktion feststellen. Inwiefern sich die privaten und öffentlichen Interaktionsmöglichkeiten wirklich verändern werden, kann zum jetzigen Zeitpunkt noch nicht Vollendens überblickt sowie bewertet werden (vgl. Bohlken 2018, 278f.).

5.2.2 Politische Kommunikation

Die Verbreitung und Etablierung der Neuen Medien führt durch neue Kommunikationsmöglichkeiten zu einer Veränderung des öffentlichen sowie politischen Raumes. Die (Massen-)Medien werden im gesellschaftlichen Diskurs oftmals als vierte Gewalt – neben Judikative, Exekutive und Legislative – dargestellt und übernehmen für die Gesellschaft elementare Funktionen. Medien ermöglichen Kommunikations-, Verständigungs- und Aushandlungsprozesse zwischen den verschiedenen AkteurInnen (vgl. bpb 2019a). Der partizipative Charakter der sozialen Medien bringt eine quantitative Vervielfältigung von politischer Kommunikation mit sich, was jedoch in der Folge zu einer qualitativen Abwertung der Kommunikationsprozesse der beteiligten Personen führen kann (vgl. Kneuer 2017, 43).

> *„Kommunikation ist für die Politik systemnotwendig. Politische Kommunikation legitimiert Politik. Für die Bürger ist Politik primär medienvermittelt. Die Medien sind zum Format-, Takt-, Bild- und Modellgeber der Politik avanciert."*
> *(Korte, Regge 2016, 601)*

Die Wirkungsmacht politischer Kommunikation im Web 2.0 wurde der breiten Öffentlichkeit im Kontext der Präsidentschaftswahlkampagne Barack Obamas (2008) oder des Arabischen Frühlings (2010) deutlich (vgl. Emmer 2017, 81). Vowe beschreibt politische Kommunikation als Kommunikationsprozesse gesellschaftlicher AkteurInnen, welche sich auf bindende/geltende Entscheidungen beziehen. An diesem Prozess können eine Vielzahl von Personen beteiligt sein, wobei diese nicht zwingend aus einer politischen Dimension stammen müssen (vgl. Vowe 2003, 527). Neben den klassischen Medienformaten – Zeitungen und Bücher – nehmen die sozialen Medien als Informations-/Meinungslieferanten stetig an Bedeutung zu. Sie bieten ihren Nutzenden eine digitale Infrastruktur an, welche für alle frei, zu jeder Zeit und an jedem Ort zugänglich ist (vgl. Emmer 2017, 88).

Weblogs[29] – als Prototyp der heutigen sozialen Medien – können „als schnelles und interaktives Medium im Wahlkampfkontext" (ebd., 89) verstanden werden, wobei ihre Bedeutung im Zeitalter von Facebook & Co. eher rückläufig ist. Hybride Medienangebote von Multimedia-Plattformen – wie Youtube – dienen zur Verbreitung von audiovisuellen Inhalten und bieten zudem die Möglichkeit an, die gesehenen Inhalte direkt zu kommentieren und zu bewerten. Die virale Verbreitung kann dabei auch über andere interpersonale Medienangebote verlaufen, wodurch hohe Reichweiten erzielt werden können. Zudem werden durch die persönlichen Weiterempfehlungen oder die Verlinkungen an Freunde oder durch Freunde den verbreiteten Inhalten eine gesteigerte Authentizität zugesprochen (vgl. ebd.; Bachl 2011, 166f.).

In den vergangenen Jahren wurde auch der Internetdienst Twitter für politische Kommunikation instrumentalisiert. Die Kurznachrichten, welche in einem „sehr viel stärkerem Maße durch nicht-journalistische Akteure geprägt sind, wodurch politische Debatten inhaltlich vielfältiger, allerdings auch unübersichtlicher und qualitativ deutlich schwerer einzuschätzen sind“ (ebd., 90), bieten für verschiedene AkteurInnen vielfältige Möglichkeiten an. Die verbreiteten Nachrichten werden nicht – ebenso wie bei den anderen Plattformen – durch die Gatekeeper-Funktion der JournalistInnen verifiziert, sondern können direkt an ein breites Publikum übermittelt werden. Der Dienst wurde in der jüngsten Vergangenheit vor allem durch den 45. US-Präsidenten Donald Trump bekannt, welcher über seinen Account politische Entscheidungen oder Kommentare verkündet. Wiederholt konnten ihm dabei – neben orthografischen Fehlern – inhaltliche Fehler oder (gezielte) Desinformationen nachgewiesen werden (vgl. Wüstemberg 2018).

Im Kontext der vorletzten US-amerikanischen Präsidentschaftswahl, dem vermuteten Einsatz von Social Bots als Manipulationsinstrumente sowie der Cambridge Analytica-Affäre vermuteten/befürchteten auch in Europa viele Personen, dass die Europawahl 2019 durch solche Instrumente beeinflusst werden könnte (vgl. ZDFcheck19 2019). Politische Kommunikation im Rahmen sozialer Medien sind aufgrund der fehlenden Gatekeeper-Funktion, gesetzlichen Regulierungen und Kontrollmechanismen anfälliger für Phänomene wie Fake News oder Filterblasen. Wie sich diese – abseits der politischen Kommunikation – auf die Gesellschaft auswirken können, wird in Kapitel 5.3.1 erläutert.

Dennoch erlaubt/ermöglicht die neue digitale und politische Infrastruktur den Nutzenden, sich explizit mit spezifischen politischen Angelegenheiten auseinanderzusetzen und diese beispielsweise durch Online-Petitionen zu unterstützen. Die politische Kommunikation in sozialen Medien lässt sich als eine ambivalente Wirkung bezeichnen (vgl. Emmer 2017, 94ff).

5.3 Schattenseiten der sozialen Medien

Neben der Hoffnung, dass das Web 2.0 und die sozialen Medien die Möglichkeiten der zivilen Gesellschaft zur gesellschaftlichen, ökonomischen und politischen Partizipation steigern würden, haben sich auch negative Effekte eingestellt. Die vielfältigen Möglichkeiten haben nicht nur zu demokratischen Resultaten geführt, sondern auch zu antidemokratischen (vgl. Schatto-Eckrodt u. a. 2018, 42).

Zu den Schattenseiten der digitalen Partizipation in den sozialen Netzwerken gehören eine Vielzahl von symptomatischen Begriffen, wie beispielsweise die sogenannten Filterblasen/Echokammern, aber auch die aktuell kontrovers diskutierten Social Bots. Dazu können auch diverse Instrumente zur Überwachung und Kontrolle von (bestimmten) Personengruppen hinzugezählt werden. Aufgrund der Größe dieses Forschungsgebietes, welches sich zudem noch im Diskurs befindet, wird nachstehend nur auf Aspekte, die sich auf den schulischen Kontext beziehen können, eingegangen.

5.3.1 Echokammern, Fake News und Co.

Cyber-Grooming oder *Mobbing* beschreiben per se keine onlinespezifischen Problematiken, sondern stellen auch in realen Handlungsräumen gefährdende Situationen dar.

Der Begriff des Cyber-Groomings bedeutet wortwörtlich so viel wie „Internet Anbahnung“ und meint die Vortäuschung falscher Identitäten durch Erwachsene aus sexuellen Motiven (vgl. Nuxoll 2017, 35). Oftmals geben sich die „TäterInnen“ dabei als Jugendliche in den sozialen Netzwerken aus – falsche Altersangaben, Fotos etc. –, um bei potenziellen Opfern ein Vertrauensverhältnis aufbauen zu können. Neben Fragen nach sexuellen Erfahrungen und Vorlieben, kann es auch zu sexuellen Handlungsaufforderungen oder zum Missbrauch kommen. Dies ist besonders problematisch, da die Onlinebekanntschaften der Jugendlichen teilweise auch im realen Leben getroffen werden und somit potenzielle Gefahrensituationen, durch die Vortäuschung falscher Tatsachen, geschaffen werden können (vgl. ebd.). Eine Schweizer Studie stellte beispielsweise fest, dass 41 % der befragten Jugendlichen sich bereits mit Onlinebekanntschaften getroffen hatten (vgl. Waller u. a. 2016, 42). Um die Strukturen von Cyber-Grooming zu unterbrechen, müssen die sozialen Netzwerke geschützte Handlungsräume generieren sowie entsprechende Hilfs- und Beratungsangebote anbieten. Ergänzend müssen sowohl die Erziehungsberechtigten als auch Lehrende auf die Gefahren des Cyber-Groomings sowie Onlinebekanntschaften aufmerksam machen (vgl. Nuxoll 2017, 35).

Cyber-Mobbing kann in unterschiedlichen Formen in Erscheinung treten und wird durch die vermeintliche Anonymität des Web 2.0 sowie den damit verbundenen niedrigeren Hemmschwellen verstärkt (vgl. Ziegler 2016, 261). Die Formen des Mobbings gehen häufig von Kindern und Jugendlichen aus und können in verbaler und/oder körperlicher Gewalt auftreten. Anders als Mobbingstrukturen in Schulklassen kann das Cyber-Mobbing aufgrund der technischen Möglichkeiten rund um die Uhr ausgeübt und durch virale Verbreitung an eine Vielzahl von anderen AkteurInnen übermittelt werden (vgl. ebd.; Nuxoll 2017, 34). Vor allem die Schnelllebigkeit des Mediums Internet, die enthemmte Online-Kommunikation sowie das bereitwillige Mitteilen von persönlichen Informationen können von den „TäterInnen" gegen die „Opfer" verwendet werden (vgl. klicksafe 2019b). Aufgrund der langen Existenz der Problematik hinsichtlich des analogen Mobbens sind diverse Hilfs- sowie Beratungsangebote innerhalb der Gesellschaft etabliert. Hinsichtlich der viralen Verbreitung müssen die SuS oder auch betroffene Personen für einen sensiblen Umgang mit persönlichen Daten sowie über ihre Handlungsmöglichkeiten informiert werden (vgl. ebd.).

Echokammern[30] oder auch *Filterblasen* beschreiben soziale Räume im Web 2.0, in denen die Weltbilder, Klischees und Auffassungen von Gleichgesinnten ständig wiederholt und dadurch verstärkt werden (vgl. Hwang 2017, 5). Solche Kammern/Blasen kommen durch die personalisierte Auswahl von Informationen und Nachrichten zustande, welche Plattformen wie Google oder Facebook für ihre Nutzenden generieren. Dabei bekommen die UserInnen nicht alle verfügbaren Informationen angezeigt, sondern nur die, welche ihren persönlichen Präferenzen (Weltbildern) entsprechen oder welche für ihr engeres soziales Umfeld – dies können Algorithmen über Konversationen sowie Suchanfragen bestimmen – von Bedeutung sind. Durch diese Mechanismen werden die eigenen Weltbilder beständig bestätigt, egal wie radikal sie sein möchten und werden dadurch zusätzlich verstärkt (vgl. Lossau 2017, 5).

> *„Dadurch entsteht ein etwas einseitiges Bild der Welt. Nämlich eines, was die eigene Wahrnehmung immer bekräftigt oder einem zeigt, dass man richtigliegt und das alle anderen auch so denken."*
> *(Reuter 2017)*

Durch die ständige Bestätigung des eigenen Weltbildes kann es zu der Etablierung alternativer Realitäten kommen. Dies kann in der Folge dazu führen, dass eine Gesellschaft nicht über gemeinsame Basisinformationen verfügt, wodurch die Demokratie geschwächt und Manipulationsvorhaben erleichtert werden können (vgl. Lossau 2017, 5). Viele Internetnutzende sind sich dabei nicht bewusst, dass sie sich in Filterblasen/Echokammern befinden und ihre Informationen durch Algorithmen gefiltert werden. Neben der einseitigen Berichterstattung kommt es zu einer Verengung des eigenen Horizontes, da ein universeller Nachrichtenüberblick faktisch nicht mehr möglich ist (vgl. Neuberger 2018, 54f.).

Inwiefern die Phänomene – Filterblasen/Echokammern – Meinungsbildungsprozesse beeinflussen können, ist empirisch noch nicht entsprechend evaluiert worden. Dennoch werden sie im aktuellen Diskurs als Indizien für einen Zerfall der Öffentlichkeit angeführt, wofür jedoch keine abgesicherten Erkenntnisse existieren (vgl. ebd., 57). In dieser Debatte darf nicht der Aspekt vernachlässigt werden, dass ein bedeutender Teil des menschlichen Lebens in offline Räumen stattfindet, wo Filterblasen/Echokammern eine untergeordnete bis fehlende Rolle spielen.

Fake News sind kein neues Phänomen, welches erst durch die Verbreitung von sozialen Medien entstanden ist, sondern stellte auch schon in früheren Zeiten eine Problematik in den klassischen Medien[31] dar. Der Begriff vereint eine Vielzahl verschiedener Arten der falschen Meldungen/Nachrichten, wobei sich vor allem die spezifische Differenzierung und Klassifizierung problematisch gestaltet.

> *„Desinformation wie Fake News meint die gezielte Verbreitung unzutreffender Informationen, sie muss nicht nur objektiv falsch sein, der Urheber muss dies auch wissen. Eine bewusste Lüge also. Sie kann völlig erfunden sein oder durch Auslassungen und Verkürzungen einen bewusst falschen Eindruck erwecken."*
> *(Mascolo 2017)*

Im Gegensatz zu Fake News oder Desinformationen werden Fehlinformationen unabsichtlich verbreitet und verfolgen kein politisches oder ökonomisches Motiv. Fake News hingegen werden absichtlich erfunden und zu einem bestimmten Ziel weiterverbreitet (vgl. Wardle 2017). Die amerikanische Politologin Claire Wardle[32] schlägt in ihrer Publikation vor, Fake News in sieben Kategorien – hinsichtlich ihrer Motive und Funktionen – zu unterteilen. So unterscheidet sie zwischen Satire/Parodie; irreführende, betrügerische oder erfundene Inhalte; falsche Verknüpfungen oder Zusammenhänger sowie überarbeitete Inhalte (vgl. ebd.). Als Motive für Fake News können Provokation, Profit, politische Einflussnahme, Propaganda oder auch schlechter Journalismus angeführt werden (vgl. ebd.; Russ-Mohl 2017, 26). Die Kategorisierungsversuche können jedoch aufgrund der dynamischen Prozesse nicht als allumfassend verstanden werden, sondern benötigen eine kontinuierliche Anpassung an aktuelle Entwicklungen.

Die virale Verbreitung der Fake News folgen der Funktionslogik sozialer Medien und können durch die Einbindung von Social Bots verstärkt werden. Die Weiterverbreitung kann auch durch Dritte erfolgen, welche die Fake News als solche nicht erkennen und somit einen Lawineneffekt begünstigen können (vgl. Lossau 2017, 2). Die Wahrnehmung von Desinformationen gestaltet sich vor allem dann problematisch, wenn die Nachrichten das (eigene) Weltbild oder Klischees/Stereotypen bestätigen (vgl. Himmelrath, Egbers 2018, 11). Die Erkennung von *Hypriden-Fakes*, also „Nachrichten" mit einem wahren Kern, welche jedoch aus dem eigentlichen Zusammenhang gerissen und dadurch verfälscht werden, gestaltet sich hierbei besonders schwierig (vgl. ebd., 23).[33]

In der jüngsten Vergangenheit wurde der Begriff der Fake News oder Lügenpresse als politischer Kampfbegriff instrumentalisiert, beispielsweise als Etikettierung für unliebsame Medien(-berichterstattung) und Diskreditierung journalistischer Recherchen. Der 45. US-Präsident Donald Trump oder rechtspopulistische Kräfte verwenden diese Taktik in diversen sozialen Medien und verbinden dies teilweise mit dem Vorwurf, die klassischen Medienformate würden spezifische Nachrichten nicht publizieren (vgl. ebd., 23f.; Lossau 2017, 3).

Welche Auswirkung die Fake News auf die gesellschaftliche Entwicklung haben, ist noch nicht abschließend untersucht, weswegen nur Prognosen formuliert werden können. Prinzipiell können alle AkteurInnen Desinformationen verbreiten oder von ihnen betroffen sein. Je nach Qualität der Fake News fällt ihre Enttarnung auch Profis mitunter schwer und eine einheitliche Antwort bezüglich des richtigen Umganges mit diesem Phänomen kann nicht formuliert werden. Gesetzliche Regulierung sowie die Einführung von qualitätssichernden Maßnahmen – wie der Gatekeeper-Funktion – erscheinen als sinnvolle Instrumente, die virale Verbreitung von Fake News einzudämmen. Der beste Schutz zur Erkennung von Fake News stellt jedoch eine ‚gute' Bildung sowie die Förderung von Medienkompetenzen dar. Dafür muss das Bildungssystem umfassend gestärkt sowie ausgebaut werden (vgl. Lossau 2017, 8). Die Einführung von Prüfungsalgorithmen durch die Internetgiganten – deren Machtposition aktuell bereits beispiellos ist – und die damit ver-bundene eigenmächtige Löschung von Inhalten kann nicht als Ausweg verstanden werden, sondern ermöglicht es den Internetgiganten eigenmächtig Inhalte zu zensieren.

Hate Speech oder auch Hassreden werden ebenfalls durch die enthemmten Online-Kommunikationsmöglichkeiten sowie über die viralen Verbreitungsmöglichkeiten verstärkt. Der sogenannte Hate Speech kann dabei unterschiedliche Motive verfolgen, es lassen sich sexistische, rassistische Beleidigungen oder auch die Aufstachlung zu Gewalttaten feststellen (vgl. klicksafe 2019c).

> *„Die Hassrede ist keine Konsequenz der sozialen Netzwerke, sondern die sozialen Netze liefern ihr nur einen bequemen Weg von den Stammtischen direkt in die Öffentlichkeit."*
> *(Stefanowitsch 2015)*

Diese Hassreden richten sich in der Regel gegen bestimmte Personengruppen, die aufgrund eines „Merkmals" Diskriminierung erfahren und kann somit den Bereich der „gruppenbezogenen Menschenfeindlichkeit" zugeordnet werden. Hassreden können in verschiedenen Arten auftreten, beispielsweise durch die bewusste Verbreitung uniformierter oder falscher Aussagen, welche populistische sowie generalisierende Tendenzen aufweisen können ferner durch die Verwendung von sexistischen, rassistischen oder herabwürdigenden Begriffen oder der Bedienung von Stereotypen und Klischees. Teilweise werden Humor oder ironische Kommentare als Tarnung für solche Hassreden verwendet. In den letzten Jahren wurden verschiedene Initiativen gegründet, welche Kampagnen gegen Hate Speech durchführen sowie über die damit verbundenen Gefahren aufklären (vgl. klicksafe 2019c).

Social Bots und deren Einsatz wurden vor allem im Kontext der vorletzten US-amerikanischen Präsidentschaftswahl im öffentlichen Diskurs vermehrt diskutiert. Durch autonome Softwareprogramme können die Bots mit diversen Benutzerkonten verknüpft werden und erwecken dadurch den Eindruck, dass sie durch echte Personen genutzt werden (vgl. Hwang 2017). Mithilfe von simuliertem, menschlichem Verhalten sowie der massenhaften Programmierung solcher Social Bots können Meinungs- und Entscheidungsprozesse beeinflusst werden (vgl. Neuberger 2018, 66).

Den Schätzungen amerikanischer ForscherInnen zufolge sind etwa neun bis 15 % der Twitter-Konten auf solche Bots zurückzuführen, wobei eine steigende Tendenz anzunehmen ist. Diese „twittern" Informationen/Meinungen – auf der Basis von vorprogrammierten Protokollen – und können dadurch die virale Verbreitung von Fake News deutlich beschleunigen. Weiterhin erscheinen bestimmte gesellschaftliche/politische Themen durch solche Programmierungen bedeutender als andere und können dadurch das reale Meinungsbild verzerren (vgl. Lossau 2017, 5). Die Auswirkungen solcher Bots auf die öffentliche Kommunikation sind empirisch noch nicht abgesichert, jedoch lassen sich aufgrund neuer Befunde negative Konsequenzen erwarten. Hegelich führt in diesem Kontext beispielsweise die Veränderung von Meinungsprozessen durch einseitige Informationsquellen an, wodurch öffentliche Diskurse beeinflusst werden können (vgl. Hegelich 2016; Neuberger 2018, 67).

5.3.2 Soziale Medien als Überwachungs- und Kontrollinstrumente

Seit der Enthüllung des NSA-Skandals (2013) durch den amerikanischen Analysten Edward Snowden wird in der breiten Öffentlichkeit über die „Sammelwut" von staatlichen Institutionen und Unternehmen, hinsichtlich des Umganges mit persönlichen Daten, rege diskutiert (vgl. Stern 2018). Die ständige Erreichbarkeit über mobile Endgeräte ermöglicht auch eine (potenzielle) permanente Überwachung des Nutzenden. Die AkteurInnen der großen Plattformen und Internetanbietenden sammeln, bewerten, vervollständigen und verkaufen die personenbezogenen Daten an Dritte weiter und/oder nutzen diese zur Weiterentwicklung ihrer Algorithmen.[34] Auf diese Datensätze greifen auch staatliche Organisationen – Geheimdienste oder Polizei – zu und verwerten diese in ihrem Anwendungsfeld entsprechend weiter. Jedoch kann die Überwachung im Web 2.0 auch unter den einzelnen Nutzenden zur Anwendung kommen, beispielsweise durch Internetstalking oder Cybermobbing (vgl. Leister 2017, 233).

> *„Nicht nur wissen wir alles, was wir über die Gesellschaft wissen, über die Massenmedien; was die Gesellschaft über uns wissen kann, findet sie scheinbar mühelos im Web 2.0."*
> *(Stempfhuber, Wagner 2019, 1)*

Personenspezifische Daten sind der Rohstoff des 21. Jahrhunderts, alle Personen dadurch Datenlieferanten und somit für staatliche und nicht-staatliche Akteure von besonderem Interesse (vgl. Hagen 2018, 1). Das Sammeln von Benutzerdaten ist jedoch keine technische Notwendigkeit sozialer Medien, sondern ist als kommerzielles Geschäftsmodell der Anbietenden zu verstehen. In der Konsequenz bedeutet dies, dass der Datensammlung ökonomische Motive zugrunde liegen (vgl. Leister 2017, 234). Jede Suchanfrage, jedes Liken, Kommentieren oder jeder Klick wird durch spezifische Algorithmen zur Kenntnis genommen und ökonomisch verwertet. Die Schaltung von benutzerspezifischen Inhalten oder Werbung ist ein Resultat der ständigen Aktivitätenüberwachung (vgl. ebd.; McStay 2011; Sander 2017, 133f.).

Die Speicherung sowie der Weiterverkauf der Benutzungsdaten ist möglich, da die US-amerikanischen Plattformen und Konzerne ihre Geschäftssitze in Ländern haben, in dem die Privacy einen Warenwert darstellt und nicht wie in der Europäischen Union gesondert geschützt wird (vgl. Fuchs u.

a. 2012, 10). Durch die zunehmende Machtkonzentration und Zentralisierung des Internets auf wenige Anbietende, wodurch in der Folge auch die Datensätze zentralisiert vorliegen, wird es schwieriger neue Datenschutzrichtlinien zu erlassen und diese auch durchzusetzen (vgl. Leister 2017, 246).

Neben der kommerziellen Überwachung nimmt auch die Überwachung sozialer Medien durch staatliche Akteure stetig weiter zu. Terroristische Anschläge, wie der 11. September 2001, werden zur Legitimierung staatlicher Überwachung herangezogen (vgl. Andrejevic 2007, 161). In Ländern wie den USA, Kanada oder Großbritannien benutzen die Polizeibehörden bereits systematisch die Möglichkeiten des Web 2.0, beispielsweise um StraftäterInnen zu identifizieren (vgl. Leister 2017, 243). Im Rahmen des Hamburger G-20-Gipfels und den dortigen Ausschreitungen nutzte auch die Hamburger Polizei Plattformen wie Facebook oder Twitter und veröffentlichte auf diesen ebenfalls Fotos verdächtiger Personen (vgl. W&V 2017). Dies illustriert ferner, dass auch deutsche Behörden[35] die sozialen Medien bereits gezielt für ihre Zwecke einsetzen.

> *„Behördliche Überwachung mit sozialen Medien nutzt somit eine zeitliche Lücke zwischen schneller Technologieverbreitung und der möglicherweise absichtlich ausstehenden Antwort der Gesetzgeber darauf."*
>
> *(Leister 2017, 244)*

Die staatliche/behördliche Verwendung von Plattformen wird oftmals als eine parasitäre Nutzung beschrieben. Diese greifen unbemerkt auf verschiedene Profile, Konversationen und Daten zu, ohne dass die Nutzenden dies nachvollziehen können. Sie bewegen sich dabei in einem rechtlichen Graubereich, welcher ihnen durch fehlende gesetzliche Regulierungen einen großen Spielraum eröffnen (vgl. ebd.; Trottier 2012, 140).

Als größte Schwachstelle sind dabei die Nutzenden selbst zu betrachten, welche teilweise freiwillig eine große Menge an persönlichen Daten in den (sozialen) Netzwerken zu Verfügung[36] stellen. Denn erst die Sichtbarmachung der (eigenen) Aktivitäten ermöglicht eine kommerzielle und staatliche Überwachung (vgl. ebd., 242). In diesem Kontext wird oft auf die Metapher des „gläsernen Bürgers/Menschen" hingewiesen, was vor allem auf die staatliche Durchleuchtung und Überwachung verweisen möchte (vgl. Lück 2013, 18ff.).

6. Youtube

Die Online-Videoplattform Youtube gehört nach Google zu den am häufigsten aufgerufenen Webseiten Deutschlands und in der Welt (vgl. Alexa 2019). Nachfolgend wird die Unternehmensgeschichte sowie die Entwicklung der Plattform in Deutschland skizziert. Ein besonderer Fokus wird dabei auf die Funktionsweise, die Unternehmenspraxis und die Verwendungsmöglichkeiten gelegt. Diese Aspekte werden anschließend auf die variierenden NutzerInnentypen angewendet, hinsichtlich der Kategorisierung in aktive sowie passive Nutzende. Unter dem Punkt „bekannte YoutuberInnen“[37] werden gegenwärtig populäre deutsche YoutuberInnen sowie deren Verbindungen zu Multi-Channel-Netzwerken vorgestellt.

Hinsichtlich der politischen Bildung soll erläutert werden, in welchem Rahmen die Vermittlung von politischen Inhalten auf der Plattform eingebunden werden könnte. Durch die Vorstellung diverser, schon existierender Formate und Channels auf der Plattform sollen die Potenziale sowie Herausforderungen für die politische Bildung beleuchtet werden. Anhand des Explorationsprojektes „jungbewegt – Für Engagement und Demokratie“ wird eine exemplarische Kampagne vorgestellt und hinsichtlich der gewonnenen Erkenntnisse bewertet.

6.1 Unternehmensgeschichte

„Unsere Mission ist es, allen eine Stimme zu geben und ihnen die Welt zu zeigen.“
(Youtube, o.J.)

Das Unternehmen wurde am 14. Februar 2005 durch die ehemaligen PayPal-Mitarbeiter[38] Chad Hurley, Jawed Karim und Steve Chan gegründet und bereits am 9. Oktober 2006 durch den Konzern Google LLC[39] für etwa 1,65 Milliarden US-Dollar übernommen (vgl. NBCnews 2006).

Der Firmenname *YouTube* leitet sich von dem englischen Substantiv „tube“ ab, was in der wörtlichen Übersetzung „Röhre“ bedeutet und in der amerikanischen Umgangssprache den Fernseher beschreibt. Daran anschließend etablierte sich im alltäglichen Sprachgebrauch die Redewendung „to tube“ was so viel wie „etwas senden“ bedeuten soll. „You tube“ beziehungsweise „YouTube“ bedeutet demnach so viel wie „du sendest“ (vgl. Eisemann

2015, 124). Die Entwicklung der Webseite bediente ein bis dahin akutes Problem. Die Möglichkeit größere Videodateien hochzuladen, um sie einem größeren Publikum zugänglich machen zu können (vgl. ebd.).

Die Übernahme der Plattform durch den Konzern Google LLC wurde im politischen Diskurs als eine Zensur hinsichtlich der kommenden ökonomischen Entwicklungen und den zukünftigen Stellenwert von User-generated content[40] (UGC), bewertet (vgl. Kim 2012, 55). Demnach lässt sich die Unternehmensgeschichte in zwei Phasen aufteilen, in der ersten Phase tritt die Plattform als nicht kommerziell auf, um sich dann durch die Übernahme zu einer kommerziellen Plattform zu transformieren. Die erste Phase zeichnet sich weiter durch eine fehlende Regulierung von UGC-Inhalten sowie einen Fokus auf Amateurnutzende aus. Die erneuerte Firmenpolitik, ab 2006, soll vor allem die Bedürfnisse großer Medienkonzerne bedienen und forciert gleichermaßen die Erstellung von UGC- und PCG[41]-Inhalten an (vgl. ebd., 56ff.). Im Zuge der zunehmenden Professionalisierung werden die Benutzungsdaten kategorisiert, personenspezifische Daten abgeschöpft, weiterverkauft und für personalisierte Werbung verwendet (vgl. Keyling 2017, 112).

In Folge des amerikanischen Erfolges der Plattform und dem stetigen Upload von neuen Videos begannen die sogenannten „copyrights wars“ mit großen US-amerikanischen Medienkonzernen. Diese sahen die Verbreitung ihrer selbstproduzierten Inhalte auf der Plattform als unrechtmäßig an (vgl. Burgess, Green 2009, 30). Durch die Einführung des Content ID-Systems[42] wurde der Konfrontationskurs mit den US-Medienkonzernen 2008 beigelegt. Statt einem Wettbewerb zwischen klassischen und neuen Medienkonzernen kam es zu einer Kooperation der beiden, was zu einer engen wirtschaftlichen Abhängigkeit führte. Die Medienkonzerne produzieren die Inhalte und Youtube stellt mit seinem Angebot die Benutzungsdaten, neue Zielgruppen und die Infrastruktur zur Publikumsvermessung zur Verfügung (vgl. Van Dijcke 2013, 121).

2015 gab das Unternehmen bekannt, das pro Minute etwa 300 Stunden Videomaterial auf die Plattform hochgeladen werden (vgl. Youtube 2015). Youtube lässt sich ebenso wenig aus dem Web 2.0 wegdenken wie andere soziale Netzwerke – Facebook, Instagram oder Twitter – und nimmt dabei eine herausragende Bedeutung ein (vgl. Geipel 2018, 140).

6.2 Youtube im deutschsprachigen Raum

Die Nutzung von Videoplattformen hat sich seit Mitte der 2000er-Jahre international sowie im deutschsprachigen Raum von einem Nischenphänomen „zu einer zentralen, habitualisierten Mediennutzungsform entwickelt“ (Wolf 2017, 395). Videos können als ein dominantes Medienformat verstanden werden, deren Inhaltsvielfalt mit anderen Produktionstexten vergleichbar ist (vgl. ebd.; Kupferschmitt 2015).

Die Plattform konnte sich in den letzten Jahren gegen ihre Konkurrenten im deutschsprachigen Raum durchsetzen und hielt im Jahre 2016 bereits 81 % der Unique UserInnen[43] auf ihrer Webseite. Ferner stellte die JIM-Studie[44] 2018 fest, dass Youtube das beliebteste Online-Angebot unter den 12- bis 19-Jährigen ist und von über 90 % der Befragten mehrmals in der Woche aufgerufen wird. Vor allem von männlichen Jugendlichen wird die Plattform, meistens hinsichtlich des Genres Let's Play oder Comedy, bevorzugt genutzt (vgl. mpfs 2018, 49; klicksafe 2019a). Der breite Zuspruch der Online-Plattform sowie die erhöhte Nutzung durch junge Erwachsene lässt sich teilweise auch darauf zurückführen, dass die Youtube eigene App auf allen Betriebssystemen – Android oder iOS – verfügbar ist und auf den technischen Endgeräten von Android bereits in der Werkseinstellung vorinstalliert[45] wird (vgl. Gebel u. a. 2016, 10).

6.2.1 Funktionen, Praktiken und Verwendung

Youtube kann als ein soziales Netzwerk betrachtet werden, welches für die Nutzenden sowohl archivarische als auch informative Aufgaben übernimmt (vgl. Lange 2009, 70; Eisemann 2015, 27). Zu den grundlegenden Funktionen des Onlineangebotes gehört es primär online diverse Video-Clips anschauen zu können. Mit einem Youtube-Account ist es den Nutzenden zudem möglich, die angesehenen Video-Clips zu kommentieren und zu bewerten. Ferner können sie eigene Inhalte hochladen und andere Youtube-Kanäle abonnieren. Um einen eigenen Account auf der Plattform erstellen zu können, benötigt man ein Google-Konto und muss laut den AGBs mindestens 13 Jahre alt sein. Die Plattform kann über einen Webbrowser erreicht werden oder über die dazugehörende App. Diese App ist für alle Betriebssysteme geeignet und kann auf diversen technischen Endgeräten – Smartphones oder Tablets – benutzt werden (vgl. Gebel u. a. 2016, 11; Fußnote 45).

Die Plattform tritt als kostenloses Angebot auf und kann mit oder ohne ein Konto/Account genutzt werden. Seit Juni 2018 ist in Deutschland das neue „Youtube Premium[46]“ freigeschaltet worden. Vergleichbar mit anderen Online- Plattformen wie Netflix oder Amazon Prime funktioniert Youtube Premium über ein monatliches Abo[47] und ermöglicht dadurch den Zugang zu werbefreien Inhalten, Musik-Streamingdiensten und „Youtube-Original“-Videos (vgl. Youtube 2019a).

> *„Sie sagen, es ist Freundschaft. Wir sagen, es ist unbezahlte Arbeit. Mit jeder Art von Chat, Tag oder Anstupser verhilft Ihnen unsere Subjektivität zu einem Gewinn. Sie nennen es teilen. Wir nennen es Diebstahl.“*
> *(Ptak 2019)*

Youtube ist ein Tochterunternehmen der Google LLC Group und hat mit anderen Google-Produkten eine gemeinsame Datenschutzerklärung. Bis zum 25. Mai 2018 – dem Stichtag für die Datenschutz-Grundverordnung[48] – konnte das Unternehmen dadurch verschleiern, welche Daten es konkret von seinen AnwenderInnen gesammelt hat. Der Konzern nutzt die gesammelten Daten für die Optimierung der eigenen Dienste, für die Entwicklung neuer Produkte nach den Bedürfnissen der AnwenderInnen sowie für die Bereitstellung von personalisierter und maßgeschneiderter Werbung. Dabei werden die personenbezogenen Daten nicht nur auf der Plattform selbst gesammelt, sondern auch über Seiten, welche Youtube-Videos in ihrer Webseite eingebunden haben. Welche Daten dabei genau gesammelt werden, kann nicht exakt festgestellt werden[49] (vgl. Mey 2018). Darüber hinaus hält es sich das Unternehmen in ihren AGBs vor, von UserInnen hochgeladene Videos ohne Absprache mit den Produzierenden zu lizenzieren oder an Dritte weiter zu verkaufen (vgl. Youtube 2019b).

Die Plattform finanziert sich vor allem über Werbung und dem Weiterverkauf nutzerspezifischer Daten an Drittanbietende. Dabei werden vor allem bekannte YoutuberInnen gerne von Konzernen als WerbeträgerInnen oder für Werbekooperationen genutzt. Die Werbetypen können dabei verschiedenartig ausfallen. Die einfachste und am häufigsten verwendete Art ist die des ProductPlacements[50], die Produkte können aber auch über andere Formen vermittelt werden.

Für die Unternehmen sind die YoutuberInnen aufgrund ihrer hohen Reichweite sowie der vorhandenen Nähe zur Community von besonderem Interesse. Youtube-Größen wie Bianca Claßen *(BibisBeautyPalace,* 28 Jahre*)* oder Florian Diedrich *(LeFloid,* 33 Jahre*)* treten nicht als AmateurInnen auf, sondern verkaufen die Produkte mit einer hohen Professionalität an ihre Zielgruppe. Sie haben in manchen Gesellschaftskreisen den Status einer prominenten Person erreicht, vermitteln ihrem Publikum das Gefühl „Einer von Ihnen" zu sein und ihre Wünsche, Ängste und Interessen zu kennen sowie zu verstehen. Zu ihrem Konzept gehört die Einbindung von Produktplatzierungen in ihre Alltagserzählungen und (direkte) Interaktionen mit ihren FollowerInnen. Die zumeist amateurhaftwirkenden Drehorte – persönliche Wohnung – vermitteln eine persönliche Verbundenheit mit dem Publikum und knüpft dabei an das erfolgreiche Skript des Reality-TVs an (vgl. Apel 2018, 233). Ergänzend erscheinen viele (bekannte) YoutuberInnen mit ihrem breiten Spektrum an Tipps und Produktempfehlungen als eine Art Stiftung Warentest für Kinder und Jugendliche (vgl. Köberer 2015; Filipović 2016, 323).

6.2.2 Genre-Kategorien

Die angebotenen Medieninhalte auf der Plattform Youtube lassen sich verschiedenen Genres zuordnen. Nachfolgend werden diverse Genres – welche für diese Arbeit und den schulischen Kontext einen großen Stellenwert einnehmen – hinsichtlich ihrer Charakteristika, Funktionen, Möglichkeiten und Risiken skizziert.

Beauty/Lifestyle/Fashion richtet sich vornehmlich an ein junges, weibliches Publikum und bewirbt in den Videos Beauty-, Fashion- und Lifestyleprodukte. Die Produktbewerbung kann beispielsweise in Form von Tutorials, Unboxing-Videos oder Produkttests vollzogen werden und ist in der Regel durch Produktplatzierungen markiert. Charakteristisch ist die Vermischung des Genres durch Comedy- oder Ratgeberinhalte, welche sich auf Themen wie Beziehungen, Pubertät, Schule oder sexuelle Erfahrungen beziehen können (vgl. Gebel, Brüggen 2017, 9). Die Stars[51] dieses Genres sind zumeist weiblich[52], nur vereinzelt gibt es erfolgreiche männliche Youtuber. Zum Konzept gehört eine (positive) Selbstpräsentation, welche bei den „Fans" Authentizität erwecken soll. Dies soll durch die Wahl der Drehorte – persönliche

Wohnung, Schlafzimmer, Badezimmer usw. – sowie durch Berichte aus dem Alltag, Familien- und Freundeskreis unterstützt werden. Teilweise werden die Videos in Kooperation mit anderen YoutuberInnen oder prominenten Persönlichkeiten gedreht, um verschiedene Milieus erreichen zu können. Die YoutuberInnen versuchen ihren Fans ein Gefühl der Nähe zu vermitteln. Der Stil ist freundlich sowie neutral, kontroverse Themen – welche zu Polarisierung führen könnten – werden ausgeklammert (vgl. ebd., 9f.).

Die Kommentare unter den einzelnen Videos sind im Regelfall freundlich und bestätigen die „Arbeit" der YoutuberInnen. Allerdings muss an dieser Stelle erwähnt werden, dass die YoutuberInnen die Möglichkeit haben, Kommentare zu löschen, ohne dabei einen Verweis zu hinterlassen. Auf Kommentare, Kritik, Anregungen oder Fragen der Fans wird nur selten eingegangen. Die Appelle der YoutuberInnen richten sich vor allem auf das Abonnieren ihrer verschiedenen Channels, das Liken ihrer Videos oder die Teilnahme an Verlosungen oder Gewinnspielen.[53] Das fehlende Eingehen auf die Kommentare wird innerhalb der Community zur Kenntnis genommen und kritisiert (vgl. ebd., 10).

Der kommerzielle Charakter, die hohe Konsumorientierung sowie die selbstverständliche und schnelle Befriedigung von Konsumbedürfnissen gehören zu den Risikoaspekten des Genres *Beauty/Fashion/Lifestyle*. Neben der Kooperation mit Unternehmen bewerben die YoutuberInnen auch ihre eigenen Produktlinien in Videos durch Product-Placement, ohne dies (teilweise) ausreichend zu kennzeichnen. YoutuberInnen verkörpern für viele ihrer Fans eine Vorbildfunktion und können zur Nachahmung animieren. Jugendliche und junge Erwachsene befinden sich in einer Suchbewegung und haben noch keine gefestigte Identität entwickelt, wodurch sie für Beeinflussungen anfälliger sind. Die Verbreitung sowie die Kategorisierung von bestimmten Rollen-/Geschlechter- und Weltbildern stellen ein erhebliches Risiko für die Heranwachsenden dar (vgl. ebd., 11). Die starke Präsenz von Geschlechterstereotypen sowie der Umstand, dass das Genre vor allem durch weibliche Akteure besetzt ist, zeigen einen weiteren Missstand auf (vgl. Döring 2015b).

Vlogs[54] zeichnen sich durch regelmäßige Videobeiträge aus, welche das Alltagsleben der *VloggerInnen/YoutuberInnen*[55] oder besondere Ereignisse, wie

Reisen, Autogrammstunden oder Events, thematisieren. Die gezeigten/hochgeladenen Beiträge sind in der Regel inszeniert und geschnitten, um für die Fans möglichst ansprechend zu sein. Ergänzt werden die Vlogs durch Challenges, Streiche oder „Experimente", um eine größere Zielgruppe ansprechen zu können. Oftmals werden die Vlog-Channels von den YoutuberInnen dazu genutzt, um ihre anderen Kanäle oder Produkte zu bewerben (vgl. ebd., 13).

Durch die persönlichen und intimen Drehorte – private Wohnungen – sowie die Einbindung des näheren sozialen Umfeldes soll den Fans ein Gefühl der Nähe und Nahbarkeit vermittelt werden. Dies kann jedoch teilweise auch auf die fehlende Verfügbarkeit von geeigneten Drehorten zurückgeführt werden. Stil und Ausdrucksweise variieren bei den YoutuberInnen stark, wodurch verschiedene Zielgruppen angesprochen werden. Gesellschaftliche oder kontroverse Themen werden, wie im Genre Beauty/Lifestyle/Fashion, nur selten thematisiert. Als Ausnahme kann dabei die Youtuberin Melina Sophie (25 Jahre) angesehen werden, welche erstmals 2015 auf ihrem Kanal über ihre Homosexualität sprach und dadurch ein gesellschaftlich relevantes Thema angesprochen hat (vgl. ebd., 14).

Die Kommentare der Videos sind überwiegend freundlich, wobei auch hier beleidigende oder unfreundliche Kommentare durch die KanalbetreiberInnen gelöscht werden können. Kritische Kommentare sind im Allgemeinen sachlich formuliert, wobei unökologisches oder verschwenderisches Verhalten, Werbeannoncen oder die Qualität der Videos kritisiert werden. Häufig werden kritische Kommentare von anderen Nutzenden aufgegriffen und beleidigend kommentiert.[56] Die Interaktion der YoutuberInnen mit ihren Fans beschränkt sich bei den meisten auf die üblichen Aufforderungen, dem Abonnieren ihrer verschiedenen Kanäle oder das Liken und Kommentieren von Videos. Teilweise wird die Vergabe von Likes an bestimmte Versprechen gebunden, so verspricht ein Youtuber bei der Erreichung von 50.000 Likes etwas Außergewöhnliches zu tun. Eine Ausnahme stellt erneut die Youtuberin Melina Sophie dar, diese interagiert mit ihren FollowerInnen und greift ihre Kommentare sowie Anregungen in ihren Videos aktiv auf (vgl. ebd., 15).

Ebenso wie im Genre Beauty/Lifestyle/Fashion sind vor allem der übertriebene Konsum, der leichtfertige Umgang mit Finanzen sowie die Bewerbung von Produkten als risikohaft zu bewerten. Product-Placement kommt häufig in den Videos vor, das Testen von Produkten oder explizite Werbevideos eher vereinzelt. Bei Youtubern wie *Simon Desue* (28 Jahre) kann beobachtet werden, dass diese verschiedene Distanzierungsstrategien anwenden, um den leichtfertigen Umgang mit Geld zu begründen. So waren sie bei dem Kauf beispielsweise stark alkoholisiert und dadurch nicht „zurechnungsfähig" (ebd.).

Comedy richtet sich an eine breite Zielgruppe und zeichnet sich vornehmlich durch Parodien, Sketche, Witze oder absurde Handlungen aus. Charakteristisch ist hierbei auch die (satirische) Einteilung von bestimmten Charakteren oder sozialen Situationen sowie das Kommentieren von anderen Youtube-Videos. Hinsichtlich des Genres *Vlog* lassen sich deutliche inhaltliche und grafische Überschneidungen feststellen (vgl. ebd., 19f.).

Die Videos der Genre-Stars[57] – wie *Julien Bam* (31 Jahre) – zeichnen sich durch eine hohe Professionalität, einem hohen personellen Aufwand sowie einem ausgewählten Ausdrucksstil aus. Der Youtuber *A.B.K.* (29 Jahre) fällt dagegen durch sexualisierte und rassistische Beleidigungen sowie der Verwendung von Fäkalsprache auf. Unklar ist jedoch, ob es sich dabei um ein authentisches Auftreten des Youtubers handelt oder ob dieser mit seiner dargestellten Rolle das Klischee eines „Ghettobewohners" bedienen möchte (vgl. ebd.).

Die vorhandenen Kommentare sind im Allgemeinem freundlich formuliert, kritisiert werden zum Teil die humoristische Thematisierung von Tabuthemen, wobei auf einen unangemessenen Umgang mit diesen Themen verwiesen wird. Negative Kommentare beziehen sich größtenteils auf die Parodien von anderen YoutuberInnen. Die Interaktion der YoutuberInnen beschränkt sich auch auf die üblichen Aufforderungen – Abonnierungen, Likes und Kommentare – vereinzelt wird auf die Kommentare eingegangen. Das Youtuber-Kollektiv *ApeCrime* (aktiv von 2008 bis Dezember 2019) setzte durch die Verlosung von Gutscheinen einen materiellen Anreiz für ihre FollowerInnen. Ebenso likten sie zum Teil positive Nutzerkommentare unter ihren Videos, wodurch diese eine besondere Hervorhebung erfuhren (vgl. ebd., 21).

Konsum und Werbung spielen in diesem Genre eine eher untergeordnete Rolle, dennoch sind in vielen Videos Produktplatzierungen sowie die Bewerbung eigener Produkte (Kleidung, Musik, Apps usw.) enthalten. Die parodistischen und satirischen Videos sind vor allem für eine jüngere Zielgruppe – 10- bis 14-Jährige – als problematisch zu bewerten. Die „richtige" Einordnung der gezeigten Inhalte sowie das Erkennen von Ironie und Satire erfordern von den jungen Erwachsenen verschiedene Kompetenzen. Die klischeehafte Thematisierung von Geschlechterstereotypen, der teilweise vorhandene gewaltvolle und respektlose Umgang mit anderen Personen sowie die vorurteilsbeladene Darstellung von verschiedenen Ethnien können zu einem fehlerhaften Weltbild führen, wenn die ironische Intention des Videos von den Konsumierenden nicht wahrgenommen wird. Vor allem Youtuber wie A.B.K. können nicht als Vorbildcharakter für junge Erwachsene fungieren und müssen in einem kritischen Kontext betrachtet werden (vgl. ebd., 21ff.).

Let's Plays stellen in Videos diverse Computerspiele anhand von Screencast, wobei Tipps und Tricks gezeigt werden, vor, wobei parallel die SpielerInnen gefilmt werden. Neben der Aufzeichnung von Computerspielen nimmt die Bedeutung von Live-Streaming stetig weiter zu. Die YoutuberInnen[58] machen es sich zur Aufgabe, ihre Fans über die neusten Spiele zu informieren sowie ihr Wissen/Können weiterzugeben. Die Ausdrucksweise und der Stil können je nach Person stark variieren (vgl. ebd., 28.).

Der Ton der Kommentare ist in diesem Genre deutlich gemischter als in den anderen vorgestellten Genres. Die Kommentare beziehen sich konkret auf bestimmte Inhalte der Spiele, die Kritik ist in der Regel in einem sachlichen Ton gehalten. Auffallend ist jedoch, dass sich in diesem Genre häufiger unfreundliche und beleidigende Kommentare wiederfinden lassen, welche stärker durch eine Fäkalsprache geprägt sind. In den regulären Videos wird nur vereinzelt auf die Kommentare der FollowerInnen eingegangen, wohingegen die Kommentare in den Live-Streams vermehrt aufgegriffen werden (vgl. ebd., 29).

Die Videos haben eine klare kommerzielle Botschaft, wobei der Fokus auf Produkte rund um (Computer-)Spiele liegt. Oftmals werden direkte Kaufappelle an die FollowerInnen/ZuschauerInnen gerichtet. Die meisten Videos weisen eine Länge von etwas mehr als zehn Minuten auf, da ab dieser

Länge Youtube mehrere Werbeclips schalten darf. Die direkten Appelle sowie die dominante Bewerbung von Produkten kann als ein Risikoaspekt angesehen werden. Bedenklich ist weiter, dass viele Spiele mit einer hohen Altersfreigabe – ab 16 oder 18 Jahren – präsentiert werden und dabei der Jugendschutz im Allgemeinen ignoriert wird. Dadurch werden Kinder und Jugendliche Gewaltszenen und -exzesse zugänglich gemacht, welche diese überfordern sowie traumatisieren können.

Häufig werden in den Videos Minderheiten sowie Menschen mit Behinderungen diskriminiert, beispielsweise gehört das Wort „behindert" zum sprachlichen Repertoire vieler YoutuberInnen dazu. Weiterhin lassen sich viele Sexismen in den hochgeladenen Inhalten finden, diese beziehen sich auf die Abwertung von Geschlechtern oder der Diskreditierung von sexuellen Orientierungen. Dies wird oftmals durch die Anführung von Klischees und einer vulgären Sprache unterstrichen. Die Vorbild- sowie Orientierungsfunktion für Jugendliche wird nur von wenigen YoutuberInnen ernstgenommen, wodurch von diesem Genre ein hohes Risikopotenzial für Jugendliche ausgeht (vgl. ebd., 31ff.).

6.2.3 Nutzungstypen

Durch den partizipativen Charakter des Web 2.0 entstehen stetig neue Nutzungstypen, welche einen charakteristischen Medienumgang aufweisen (vgl. Siebenaler, Hasebrink 2017, 69). Vor der näheren Betrachtung der einzelnen Typologien kann eine grundlegende Unterscheidung von zwei Nutzungsmerkmalen festgehalten werden, aktiv-rezipierende Produzierende sowie passive Nutzende (vgl. Rath-Wiggins 2017, 57). Es muss jedoch beachtet werden, dass sich der Gestaltungs- und Partizipationsgrad der einzelnen Konsumierenden je nach medialem Angebot stark verändern kann (vgl. Gerhards u. a. 2008, 131).

Marketing-Agenturen und -Netzwerke unterteilen Social-Media-UserInnen in Anlehnung nach Li und Bernoff in sechs verschiedene Typologien (vgl. Li, Bernoff 2011, 5). Personen, die nicht an den Medienangeboten des Web 2.0 teilnehmen, werden als *Inaktive* bezeichnet. UserInnen, welche Beiträge und Blogs lesen oder sich Video-Clips anschauen, werden als *Zuschauende* beschrieben. Wenn die Nutzenden über ein eigenes Profil auf einem sozialen Netzwerk – wie Facebook, Instagram oder Youtube – verfügen, werden sie als *Mitmachende* klassifiziert. Die nächste Nutzerebene beschreibt die sogenannten *Sammelnden.* Sammelnde besitzen ein eigenes Profil, abonnieren und bewerten die angebotenen Inhalte. *Kritisierende* kommentieren und bewerten aktiv Beiträge. Ferner zeichnen sie sich dadurch aus, dass sie kritische Beiträge über Produkte oder andere UserInnen verfassen. Die letzte Nutzerkategorie sind die *Publisher*, diese verfassen und teilen ihren eigenen Blog und veröffentlichen Bilder und Videos (vgl. Hilker 2015).

Die Politologin Sabine Haas bietet in ihrem Artikel „Web 2.0: Nutzung und Nutzungstypen“ aus dem Jahr 2007 eine wissenschaftliche Klassifizierung von Nutzungstypen an, welche sie anhand der JIM-Studie aus dem Jahr 2006 entwickelte (vgl. Haas u. a. 2007, 215). Sie unterscheidet dabei zwischen acht verschiedenen Grundtypen[59], welche jeweils über einen spezifischen Umgang mit Medien verfügen. Die analytischen Unterscheidungen der einzelnen Typologien werden anhand ihrer Interessen und ihres Handelns eingeteilt.

Personen, die etwas gestalten und veröffentlichen werden als *Produzierende* bezeichnet und den aktiv-partizipierenden Nutzenden zugeordnet. Nutzende, welche das Web 2.0 vornehmlich dazu gebrauchen, um sich selbst darzustellen, werden als *SelbstdarstellerInnen* und ebenfalls den aktiv-partizipierenden Nutzenden zugeordnet. Als *NetzwerkerInnen* werden die Personengruppen beschrieben, welche sich intensiv mit der Kontaktsuche und der öffentlichen Kommunikation beschäftigen. Personen, welche im Web 2.0 nach spezifischen Interessen recherchieren oder auf Informationssuche gehen, werden als *InfobesucherInnen* oder *spezifisch Interessierte* bezeichnet. NetzwerkerInnen und spezifisch Interessierte werden als aktiv-partizipierende Nutzende eingeordnet, ebenfalls wie die sogenannten *KommunikatorInnen*, welche einen starken Fokus auf (öffentliche) Kommunikation und Inhaltsgestaltung legen. Info- und *UnterhaltungsbesucherInnen*, welche die medialen Angebote als Unterhaltung und Zeitvertreib nutzen, werden als passivpartizipierende Nutzende bezeichnet. Es handelt sich bei ihnen vor allem um eine betrachtende Perspektive und sie betreiben hauptsächlich individuelle Kommunikationsformen (vgl. ebd., 220).

> *„Während unter dem Stichwort Web 2.0 vor allem die Möglichkeit der Eigenproduktivität in den Blick rückt, wird bei der Untersuchung der Internettätigkeiten Heranwachsender deutlich, dass die Mehrzahl der Jugendlichen das Internet rezeptiv und kommunikativ, jedoch sehr viel seltener produktiv-gestaltend nutzt."*
> *(Schrob u. a. 2008, 17)*

Haas u. a. stellt ebenfalls fest, dass es nur eine kleine Anzahl von intensiven Nutzenden gibt und die meisten Personen größtenteils den Unterhaltungs- oder InfobesucherInnen zuzuordnen sind (vgl. Haas u. a. 2007, 222). Diese Annahme unterstützt auch die 2006 veröffentlichte Theorie der „90-9-1 Rule" des dänischen Schriftstellers Jakob Nielsen (2006). Dieser postuliert, dass 90 % der Internet-Nutzenden stille Beobachtende sind und selbst keine Inhalte hochladen oder Beiträge kommentieren. Neun Prozent bewerten und kommentieren zwar Inhalte, aber produzieren oder veröffentlichen selbst keine Beiträge. Und nur ein Prozent aller UserInnen erstellen selbst Inhalte und präsentieren sich im Web 2.0 (vgl. Nielsen 2006). Empirische Untersuchungen oder Erhebungen existieren zur Untermauerung dieser Thesen nicht, sondern sie wird lediglich auf Stichproben von verschiedenen Online-Plattformen oder Communities gestützt.

Die JIM-Studie von 2010 bestätigte jedoch das niedrige Niveau von aktiv-partizipierenden Nutzenden von medialen Angeboten (vgl. Busemann, Gscheidle 2011). Ferner halten sie fest, dass die an den partizipativen Charakter des Web 2.0 geknüpften Erwartungen in der Regel nicht erfüllt werden können. Eine aktive Nutzung lässt sich vornehmlich in privaten Online-Communities oder Online-Angeboten feststellen, wobei es sich um individuelle Kommunikationsformen handelt (vgl. ebd., 369).

6.2.4 Bekannte deutsche YoutuberInnen

Ebenso vielfältig wie das angebotene Spektrum auf Youtube ist auch die deutsche YoutuberInnen-Szene, weswegen die Benennung von bekannten beziehungsweise beliebten YoutuberInnen keinen Anspruch auf Vollständigkeit erheben kann. Als ein verlässlicher Indikator können die Abonnierenden- oder Aufrufzahlen der hochgeladenen Videos gewertet werden. Jedoch sollte dabei beachtet werden, dass bestimmte Nischen-Genres und -YoutuberInnen zwar verhältnismäßig wenige Abonnierende oder Aufrufe haben, aber für die jeweilige Szene trotzdem von enormer Bedeutung seien können. Verifizierte oder offizielle Rankings zu den aktuell bekanntesten oder populärsten deutschen YoutuberInnen gibt es keine. Die 2018 veröffentlichte JIM-Studie nennt für Jugendliche folgende beliebte YoutuberInnen (vgl. mpfs 2018, 49):

- *Julien Bam (31 Jahre)*
- *Dagi Bee (25 Jahre)*
- *BibisBeautyPalace (28 Jahre)*
- *Gronkh (43 Jahre)*
- *LeFloid (33 Jahre)*
- *Joeys Jungle (25 Jahre)*
- *GermanLetsPlay (28 Jahre)*
- *PietSmiet (Kollektiv).*

Es handelt sich dabei um verschiedene Genres (Let's Play, Lifestyle/Beauty/Fashion, Comedy, Nachrichten und Musik), Einzelpersonen oder Gruppen-Channels mit einer unterschiedlichen Reichweite. Julien Bam und BibisBeautyPalace – beide mit über 5 Millionen Abonnierenden – gehören zu den größten YoutuberInnen in Deutschland. Joeys Jungle gehört mit „nur" 1,87 Millionen Abonnierenden zu den eher kleineren Youtube-Channels in dieser Liste.

Alle Channels bzw. YoutuberInnen werden von (verschiedenen) Multimedialen-Netzwerken betreut. Eine Studie von 2016 stellte beispielsweise fest, dass mehrere YoutuberInnen und Kanäle bis zu 100 % von Medienunternehmen besitzt werden (vgl. Gebel u. a. 2016, 12). Die bekanntesten Multi-Channel-Netzwerke in Deutschland sind *Mediakraft*, *TubeOne* oder *Studio71*. Zu deren primären Aufgaben gehört die Popularitäts-, Reichweitensteigerung sowie die Kommerzialisierung der YoutuberInnen durch Cross Promotion oder Werbedeals (vgl. ebd.).

Julien Bam (inaktiv seit Dezember 2019), GermanLetsPlay und Dagi Bee stehen bei dem Netzwerk *TubeOne Network*[60] unter Vertrag. Hinter dem Netzwerk verbirgt sich die Ströer Content Group, welche verschiedene andere Medienunternehmen, größere Internet-Communities oder beispielsweise die Aktienmehrheit für das Online-Statistik-Portal „Statista" seit 2015 hält.

BibisBeautyPalace steht bei der Agentur *TiQuestManagement*[61] unter Vertrag, über die es keine näheren Informationen gibt. Neben ihr werden nur zwei weitere Youtuber durch die Agentur vertreten. Zu erwähnen ist dabei, dass einer davon ihr Mann ist, welcher unter dem Namen *Julienco* einen Youtube-Channel betreibt.

LeFloid (Stand 2019; aktuell bei 2nd Wave) und Gronkh sind beispielsweise bei der Agentur *Studio71* unter Vertrag, welches ein Tochterunternehmen der ProSiebenSat1-Media-Se-Gruppe[62] ist. Das Studio71 hat insgesamt über 1.800 Channels unter Vertrag, dazu gehören auch andere Youtube-Größen wie ConCrafter, DNER/Felix von der Laden oder Kelly MissesVlog. Das Netzwerk deckt eine Großzahl von diversen Genres ab und erreicht – in Kooperation durch Branded Entertainment[63], lineare TV-Programme sowie durch die TV-Integration von YoutuberInnen – eine große Zahl von Jugendlichen und jungen Erwachsenen. Die JIM-Studie von 2018 und 2020 hat weiter ergeben, dass der Fernsehsender Pro7 von der befragten Zielgruppe, 12- bis 19-Jährige, am häufigsten konsumiert wird (vgl. mpfs 2018, 45; mpfs 2020, 43).

Der Gruppen-Channel *PietSmiet*[64] steht bei dem *Allyance Network* unter Vertrag, welcher zur Webedia Group[65] gehört. Das Netzwerk hat laut eigenen Angaben mehr als 340 Kanäle unter Vertrag, dabei werden verstärkt YoutuberInnen aus dem Genre Let‘s Play unterstützt und in Kooperation mit anderen Produkten der Webedia Group etabliert.

Die vorgestellten YoutuberInnen und deren Channels erreichen in Deutschland sowie im deutschsprachigen Raum eine große Personengruppe, wobei vor allem junge Personen durch die Angebote angesprochen werden. Teilweise kann davon ausgegangen werden, dass sich die Zielgruppen zu einem bestimmten Anteil überschneiden, dennoch kann die Reichweite der Channels mit großen Tageszeitungen verglichen werden. Ein wesentlicher Unterschied zu diesen dabei ist jedoch, dass bei klassischen Medien, deren RedakteurInnen und ProduzentInnen gesetzlichen Regulierungen unterliegen, dies tun YoutuberInnen bisher nicht. Es gibt kaum gesetzliche Vorgaben oder Richtlinien zu den Inhalten von Youtube-Videos und selbst bei der Existenz solcher Regeln würde die Überprüfung – aufgrund der technischen Möglichkeiten – nur unzureichend funktionieren.

Fehlende Transparenz gibt es auch bei den Verträgen der YoutuberInnen mit den verschiedenen Multimedialen-Netzwerken, wie dem Studio 71 oder den OneTube Network. Durch die Verpflichtung vieler verschiedener Channels, deren Personen sowie der Einbindung in übergeordnete Produkte und/oder TV-Formate kommt es zur Bildung von Monopolstellungen. Diese

Machtstellungen könnten durch das Diktat von bestimmten politischen, gesellschaftlichen oder ökonomischen Einstellungen zu einer Verfälschung der öffentlichen Meinungsbildung führen.

6.3 Politische Bildung und Youtube

„Was in der digitalen Welt geschieht, hängt wesentlich von unserer Haltung ab. Von unserm Mut, wissen zu wollen. Von unserem Mut, uns kompetent zu machen."
(Gauck 2012)

Das gesellschaftliche Leben wird stetig durch die Neuen Medien und die damit verbundene Digitalisierung geprägt, was alle beteiligten Personen vor neue Herausforderungen stellt. Nur wer sich mit dem Internet auskennt und dieses nicht als „Neuland"[66] auffasst, kann sich kompetent machen und sich mit den neuen Fakten und Gegebenheiten auseinandersetzen. Zu den aktuellen Aufgaben der politischen Bildung gehört es neben den positiven Effekten der Neuen Medien nicht den kritischen und hinterfragenden Fokus auf deren Wirkungsmechanismen zu verlieren. Dort, wo demokratische Werte im medialen Raum infrage gestellt werden, muss die politische Bildung intervenieren und sich mit diesen Aspekten auseinandersetzen. KommunikatorInnen und deren transportierte Informationen sowie Weltbilder müssen kritisch hinterfragt und reflektiert werden (vgl. Krüger, Uzunoff 2017, 346f.).

Die Plattform Youtube bietet für die politische Bildung vielfältige Potenziale und Herausforderungen an, welche nachfolgend skizziert werden sollen.

6.3.1 Potenziale für die politische Bildung

Die Plattform Youtube kann als digitaler Erlebnisraum verstanden werden, welcher eine Vielzahl von Personengruppen und Interessen bedienen kann. Videoplattformen gehören zum mediatisierten Alltag von SuS und bieten für verschiedene AkteurInnen neue Kommunikationswege an (vgl. Lucke 2017, 96). Diese zum Teil direkten Interaktionsmöglichkeiten können auch für die Vermittlung von politischer Bildung, Kompetenzen sowie Konzepten genutzt werden. So bieten eine Vielzahl von politischen, pädagogischen und wissenschaftlichen AkteurInnen bereits Inhalte auf der Plattform und teilweise auch auf anderen sozialen Netzwerken an.

> *„Demokratie stärken – Zivilgesellschaft fördern. Die Bundeszentrale für politische Bildung unterstützt alle interessierten Bürgerinnen und Bürger dabei, sich mit Politik zu befassen. Ihre Aufgabe ist es, Verständnis für politische Sachverhalte zu fördern, das demokratische Bewusstsein zu festigen die die Bereitschaft zur politischen Mitarbeit zu stärken.“*
> *(Youtube-Channel bpb, o.J.)*

Die Bpb betreibt seit 2009 einen eigenen Youtube-Channel, auf den in regelmäßigen Abständen Videos zu diversen Themenschwerpunkten hochgeladen werden. Die Bundeszentrale kann in diesem Kontext als ein Multiplikator verstanden werden, welcher direkt mit der forcierten Zielgruppe interagiert sowie auf deren veränderte Lebensrealität eingeht. Dies wird beispielsweise durch Kooperationsprojekte mit bekannten Youtube-Stars wie LeFloid oder MrWissen2Go (34 Jahre)[67] realisiert. Ziel ist es dabei, den medialen Raum zu demokratisieren sowie zum partizipierenden Medienumgang zu animieren (vgl. Krüger, Uzunoff 2017, 349; Wolf 2017, 400f.). Die Bundeszentrale stellt hierbei nur ein exemplarisches Beispiel dar. Neben ihr existieren auf der Plattform noch eine Vielzahl von anderen politischen sowie staatlichen AkteurInnen, beispielsweise von der Tagesschau oder von diversen Stiftungen.

Das steigende Verständnis Youtubes als eine audiovisuelle Enzyklopädie und die damit verbundene Frequentierung der Plattform als Informationsquelle sowie Suchmaschine erscheint als bedeutsames Potenzial für die politische Bildung (vgl. Wolf 2015). So können über Wissensformate und Erklärvideos komplexe Thematiken zielgruppengerecht aufbereitet und zur ständigen Verfügung[68] bereitgestellt werden. Dies ist besonders im naturwissenschaftlichen Bereich gängige Praxis und erzielt dort positive Resonanzen. Sowohl die Durchmischung von professionellen und amateurhaften Videos sowie „das zeit- und ortsunabhängige Angebot im Internet“ (Geipel 2018, 142) spricht die Bedürfnisse von jungen Heranwachsenden an (vgl. ebd.).

Neben der Verwendung von Erklärvideos sollen die Nutzenden dazu angehalten werden, im Rahmen von Workshops eigene Inhalte zu produzieren und hochzuladen[69]. Dabei kann die Kooperations- und Interaktionsform stark variieren, elementar ist jedoch die anschließende Auseinandersetzung mit den Produkten. Dies kann beispielsweise über interaktives Storytelling durch die vorhandene Kommentarfunktion realisiert werden. Dieses Vorgehen ist aktuell noch nicht stark verbreitet, bietet aber ein großes Potenzial für die (politische) Bildung an (vgl. Braun 2016).

6.3.2 Herausforderungen für die politische Bildung

Die Vermittlung politischer Bildung im Kontext der Online-Plattform Youtube wirft für die Verantwortlichen diverse Herausforderungen auf. Neben der generellen Frage, wie mit Internetgiganten – wie Google, Apple oder Facebook – und deren Geschäftspraktiken umgegangen werden soll, stellen sich im pädagogischen Diskurs noch viele weitere. Urheberrecht, Kommerzialisierung, Selbstvermarktung/-darstellung oder der Umgang mit jugendgefährdenden Inhalten sind nur einige Schlagwörter der aktuellen Debatte. Eine besondere Gefahr stellen zudem propagandistische und/oder radikalisierende politische sowie religiöse Videos für Heranwachsende dar (vgl. Wolf 2017, 401).

Die staatliche Unterstützung von bestimmten YoutuberInnen – welche beispielsweise durch die Agentur „funk“[70] gefördert werden – ruft stellenweise den Vorwurf der Propaganda hervor. Inwiefern sich diese Inhalte/Videos an dem Beutelsbacher Konsens orientieren und eine Meinungspluralität sowie Kontroversitätsangebote fördern, ist für jedes Video einzeln zu prüfen. Ebenso muss in diesem Kontext festgehalten werden, dass es sich nicht um eine gesetzliche Regelung handelt, sondern lediglich um eine Empfehlung (vgl. Braun 2016).

Als eine weitere Herausforderung ist die fehlende räumliche Nähe zu verstehen, welche bei den klassischen Bildungsangeboten gegeben ist. Erschwerend kommt hinzu, dass die Medienformate auf Youtube personalisiert durch die einzelnen YoutuberInnen weiter transportiert werden. Dies bedeutet, dass es eine starke Fokussierung auf die AkteurInnen gibt und weniger auf die eigentlichen Inhalte. Die Vermittlung von politischer Bildung wird jedoch durch ihre Inhalte realisiert, wodurch sich eine Diskrepanz ergibt (vgl. ebd.). Dieses Dilemma konnte bisher noch nicht befriedigend aufgelöst werden.

Die im vorherigen Kapitel als Potenziale für die politische Bildung angeführten Anwendungsbereiche können ebenso als Herausforderung verstanden werden, wenn bestimmte Aspekte vernachlässigt werden. So ist die inhaltliche Rahmung, fortwährende Betreuung der Kommentare sowie die Interaktion für ein erfolgreiches Projekt von besonderer Bedeutung. Was in diesem Zusammenhang jedoch oft unterschätzt wird, ist der immense Zeitaufwand[71], welcher mit der Betreuung solcher Videos einhergeht und in der Regel nicht geleistet werden kann. Kooperationsprojekte zwischen staatlichen AkteurInnen und YoutuberInnen werden im Allgemeinen für bestimmte Situationen oder Themen produziert, die zeitlich begrenzt sind. Jedoch stehen die Inhalte auf der Plattform unbegrenzt zur Verfügung und damit auch die Kommentarfunktion, welche für eine entsprechende inhaltliche Rahmung stetig betreut werden müsste. Dies ist jedoch nicht umsetzbar (vgl. Ackermann 2018). [72]

Als elementare Herausforderung der politischen Bildungsvermittlung auf Online-Plattformen wie Youtube ist vor allem eine Attraktivitätssteigerung für die anvisierte Zielgruppe zu begreifen. Durch das große, bereits vorhandene Medienspektrum auf Youtube kann bei diesen das Gefühl der Übersättigung des Marktes und die damit verbundene Überflüssigkeit von Formaten der politischen Bildung entstehen (vgl. ebd.). Kooperationen mit bekannten YoutuberInnen – wie bereits in der Vergangenheit schon oft praktiziert – erscheinen dabei als sinnvolle Ergänzung des existierenden Informationsmarktes. Jedoch kann dies nicht als allumfassende Antwort betrachtet werden, sondern es müssen auch eigene Medienformate aufgebaut und etabliert werden, um potenzielle Beeinflussungsmöglichkeiten zu minimieren.

6.3.3 Exkurs: Explorationsprojekt: „jungbewegt – Für Engagement und Demokratie“

Im Rahmen des übergeordneten Explorationsprojektes „jungbewegt - Für Engagement und Demokratie“[73] launchte die Bertelsmann Stiftung im September 2017 eine Kampagne gegen Populismus auf der Plattform Youtube. Leitziel war und ist es, niedrigschwellige Partizipationsmöglichkeiten für Kinder und Jugendliche zu generieren, wobei ihre (soziale) Herkunft und ihr Bildungsstand keine Rolle spielen sollten.

Die Kampagne verfolgte verschiedene Ansatzpunkte, einerseits sollte die Zielgruppe direkt angesprochen werden – soziale Medien, wie Youtube oder andere Plattformen gehören für viele Jugendliche zu ihrer Lebensrealität unweigerlich hinzu – andererseits sollte evaluiert werden, wo die Chancen und Grenzen für politische Bildung und deren Wissensvermittlung im Web 2.0

liegen. Die anvisierte Zielgruppe waren junge Erwachsene von 14 bis 22 Jahren, wobei die Gefahren von populistischen Argumentationen und Debatten thematisiert sowie auf die Notwendigkeit einer entsprechenden Sensibilisierung ebendieser hingewiesen werden sollte. Von den Projektverantwortlichen wird deutlich hervorgehoben, dass es sich bei der Kampagne nicht um eine Wahlmobilisierung handeln sollte, auch wenn die Videos kurz vor der Bundestagswahl im Jahr 2017 hochgeladen wurden (vgl. Politikum 2018, 36f.).

Die Influencer-Kampagne wurde in Kooperation mit sechs InfluencerInnen, der Agentur MESH-Collective[74] sowie mit den beiden Projektleitern Sigrid Meinhold-Henschel und Thomas Kappeller von der Bertelsmann Stiftung durchgeführt. Die Bertelsmann Stiftung entschied sich aufgrund der hohen Reichweite sowie der Attraktivität für junge Erwachsene für die Plattform Youtube und wählte dabei von 60 etablierten YoutuberInnen sechs Personen aus, welche anhand einer Grobdefinition[75] zum Thema Populismus Videos erstellen sollten. Wichtig für den Auswahlprozess war dabei eine vorhandene Affinität für politische Thematiken, eine entsprechende Reichweite beziehungsweise Anzahl von Abonnierenden, die Bedienung von unterschiedlichen Milieus sowie die realistische Möglichkeit, die Videos zeitnah umsetzen zu können. Alle Videos – insgesamt wurden sieben Videos produziert – sollten in einer Zeitspanne von zwei Wochen auf der Plattform hochgeladen werden. Die ausgewählten YoutuberInnen wurden durch die MESH-Collective bei ihren Recherchen unterstützt und sollten möglichst autonom agieren, um ihre Authentizität aufrechterhalten zu können. Vor dem eigentlichen Upload kam es zu einem diskursiven Gespräch zwischen den einzelnen YoutuberInnen und den Verantwortlichen der Bertelsmann Stiftung. Nach eigenen Aussagen musste kein Video ganz neu konzipiert werden. Inwieweit jedoch einzelne Beiträge revidiert worden sind, gibt es keine näheren Informationen (vgl. ebd., 37ff.).[76] Nachfolgend werden die sechs InfluencerInnen, ihre hochgeladenen Videos sowie die evaluierten Ergebnisse der Bertelsmann Stiftung kurz erläutert.

Der Youtuber *EsKay* alias Sebastian[77] ist seit Ende 2013 auf der Plattform Youtube aktiv, hatte im Frühjahr 2019 circa 567.000 Abonnierende und ist dem Genre „Let's Play"[78] zuzuordnen (vgl. EsKay 2019). Sein Video für die

Kampagne mit dem Titel „Wir müssen über etwas reden...“ wurde 63.215 Mal aufgerufen und hat überwiegend eine positive Resonanz (6.104 Likes,142 Dislikes) erzielt (vgl. EsKay 2017). EsKay thematisiert dabei Vorurteile gegen einzelne Bevölkerungsgruppen und beleuchtet weiter, wie und mit welchen Intentionen populistische Kräfte Probleme übertrieben darstellen.

Die Youtuberin *fraeuleinchaos*[79] (28 Jahre) alias Sina Bornmüller ist seit 2012 auf Youtube aktiv, hatte im Frühjahr 2019 circa 278.000 Abonnierende und ist den Genres Comedy und Lifestyle zuzuordnen (vgl. Fräulein Chaos 2019). Ihr Video für die Kampagne „Populismus VS. Flüchtling“ wurde 91.496 Mal aufgerufen und wurde – im direkten Vergleich mit den anderen Videos der Kampagne – am meisten diskutiert (6.523 Likes, 6.977 Dislikes) (vgl. Fräulein Chaos 2017). Fraeuleinchaos setzt sich in ihrem Video mit der Lebenssituation von Geflüchteten und deren gesetzlichen Bestimmungen auseinander.

Die Youtuberin *I'm Jette*[80] alias Jette Osa ist seit 2012 auf Youtube aktiv, hatte im Frühjahr 2019 circa 235.000 Abonnierende und ist dem Genre DIY zuzuordnen (vgl. I'm Jette 2019). Ihr Video „Speeddrawing #2 – Angst und Populismus//I'mJette“ wurde insgesamt 58.557 Mal aufgerufen (5.158 Likes,93 Dislikes) (vgl. I'm Jette 2018). Im sogenannten Sketchbook Style beleuchtet sie die Frage, wie PopulistInnen sich die Lebensängste zu eigen machen und dadurch Personen für ihre Themen mobilisieren können.

Die Youtuberin *Lisa Sophie Laurent*[81] (25 Jahre) ist bereits seit 2010 auf Youtube aktiv, hatte im Frühjahr 2019 circa 337.000 Abonnierende und beschäftigt sich mit Lifestyle-Themen (vgl. Lisa Sophie Laurent;2019). In dem Video „Stimmt das denn wirklich?“ mit insgesamt 34.602 Aufrufen (1.366 Likes,68 Dislikes) gibt sie ihren ZuschauerInnen Tipps, um die Qualität von Quellen überprüfen zu können (vgl. Lisa Sophie Laurent 2017).

Der Youtuber *RobBubble*[82] (28 Jahre) alias Robin Blase ist seit 2006 auf Youtube aktiv, hatte im Frühjahr 2019 circa 201.000 Abonnierende und kann den Genres Comedy und Politik zugeordnet werden (vgl. RobBubbels 2019). Im Rahmen der Kampagne hat RobBubble zwei Videos zu dem Thema Populismus hochgeladen. Das erste Video mit dem Titel „Der Youtube-Populist - Mitabeitah“ wurde insgesamt 99.202 Mal aufgerufen (12.472 Likes,97 Dislikes) (vgl. RobBubble 2017a). Es handelt sich hierbei um ein kurzes „Rap-

Video“ sowie eine knappe Erklärung zum Thema Populismus durch den Youtuber. Sein zweites Video zu der Reihe ist unter dem Titel „Die EU – Was ist gut dran? Was ist schlecht?“ erschienen, wurde 98.157 Mal aufgerufen (10.276 Likes, 157 Dislikes) (vgl. RobBubble 2017b). Thematisch beschäftigt er sich hierbei mit den Vorteilen und Nachteilen, welche die Europäische Union bedingt und inwieweit sie für populistische Tendenzen anfällig ist.

Der Youtuber *TenseMakesSense*[83] war von 2013 bis Mitte 2018[84] auf Youtube aktiv, sein Profil hatte im Frühjahr 2019 noch circa 53.000 Abonnierende und konnte den Genres Comedy und Nachrichten zugeordnet werden (vgl. TenseMakesSense 2019). Sein Video mit dem Titel „Die dunkle Seite der Politik – TenseMakesSense“ wurde 5.332 Mal aufgerufen (685 Likes,16 Dislikes) (vgl. TenseMakesSense 2017). Dabei beleuchtet der Youtuber die historische Entwicklung des Populismus beginnend mit der Antike und erörtert ferner die Motive von PopulistInnen.

Die beiden Projektverantwortlichen – Meinhold-Henschel und Kappeller – der Bertelsmann Stiftung ziehen aus der Influencer-Kampagne eine positive Bilanz und betonen dabei vor allem die große Reichweite der sieben Videos und damit die Adressierung an die angestrebte Zielgruppe (vgl. ebd., 41). Bis zum März 2019 wurden die Videos über 450.000 Mal aufgerufen und bekamen ein überwiegend positives Feedback, mit Ausnahme des negativ bewerteten Videos von Fraeuleinchaos. Dies lässt sich ansatzweise durch das gewählte Flüchtlingsthema erklären. Dieses wurde rund um die Bundestagswahl 2017, dem AfD-Wahlkampf und der „anhaltenden Flüchtlingswelle“ kontrovers diskutiert und war emotional aufgeladen. Die beiden Videos von RobBubble und das Video von Fraeuleinchaos wurden mit durchschnittlich 92.000 Aufrufen am häufigsten angeschaut. Das Video von TenseMakesSense erzielte mit 5.332 Aufrufen die geringste Reichweite, dies liegt jedoch wahrscheinlich an der vergleichsweise geringen Anzahl von Abonnierenden des Produzenten.

Inwiefern wirklich die Zielgruppe – 14- bis 22-jährige Personen – erreicht werden konnten, stehen keine Datensätze auf der Projektseite zur Verfügung. Prinzipiell benutzen vornehmlich jüngere Personen die Plattform, dennoch ist die generelle Nutzung durch alle Altersgruppen in Deutschland im Jahr

2017 relativ hoch (vgl. Statista 2019). Über den Demografiebericht können sich die Channel-BesitzerInnen anzeigen lassen, welche Alters- und Geschlechtergruppen sie mit ihren Videos erreicht haben. Jedoch werden dabei nur die Personen verzeichnet, welche mit ihrem Konto auf der Seite angemeldet sind (vgl. Creators Academy 2019). Durch die Auswahl der sechs jungen YoutuberInnen kann jedoch davon ausgegangen werden, dass überwiegend junge Personengruppen angesprochen wurden. Wünschenswert wäre die Veröffentlichung der einzelnen Demografieberichte, um die angestrebte Zielsetzung überprüfen zu können.

Durch die große Reichweite der Videos sowie aufgrund der direkten Kommunikation mit der Zielgruppe mittels der InfluencerInnen kann von einem großen Potenzial für die politische Bildung durch soziale Netzwerke gesprochen werden. Online Angebote nehmen einen großen Stellenwert im Leben der Jugendlichen ein und sollten als Austausch- und Wissenskanäle betrachtet und benutzt werden. Allerdings gibt es an der Kampagne auch einige Kritikpunkte.

Einerseits steht die Bertelsmann Stiftung[85] selbst seit Jahren in der öffentlichen Kritik, wobei vor allem ihre (gemeinnützigen) Ziele und Methoden diskutiert werden (vgl. Munzinger 2018). Ebenfalls ist es kritisch zu bewerten, dass selbst auf der projekteigenen Seite nur wenige bis gar keine Informationen über die Influencer-Kampagne verfügbar sind. Dadurch erscheint der Auswahlprozess der sechs YoutuberInnen sowie die redaktionellen Änderungen an den Videos als intransparent. Die ausgewählten YoutuberInnen sind verhältnismäßig unbekannt und verfügen im Vergleich zu den populären deutschen Youtube-Stars nur über eine geringe Reichweite. Ergänzend muss darauf hingewiesen werden, dass vier der sechs YoutuberInnen – Stand Frühjahr 2019 – bei der Agentur Studio71 unter Vertrag stehen. Durch die fehlende Transparenz kann nicht nachvollzogen werden, ob es sich hierbei um einen Zufall oder um einen gewollten Auswahlprozess handelte. Als positiv ist es zu bewerten, dass durch die ausgewählten YoutuberInnen ein breites Spektrum an Genres sowie Milieus abgedeckt werden konnte. Das Agieren der MESH Collective mit den YoutuberInnen und der Bertelsmann Stiftung wirkt durch fehlende Protokolle ebenfalls intransparent. Der Zeitpunkt der Kampagne – kurz vor der Bundestagswahl 2017 – könnte je nach Perspektive oder Intentionsgedanke als weiterer Kritikpunkt betrachtet werden.

Andererseits ist das durchgeführte Explorationsprojekt und die damit einhergehenden gewonnenen Daten für die politische Bildung und deren Wissensvermittlung von enormem Wert. Der Einsatz von sozialen Netzwerken stellt einen neuen Handlungsraum dar und formuliert an den pädagogischen Diskurs neue Handlungsaufträge, Herausforderungen und Chancen.

7. Interviews

Im Rahmen der Arbeit wurden zehn qualitative Schülerinterviews zu den Themenschwerpunkten „Rollen-/Geschlechterbilder“ und zum „Artikel 13“ der neuen EU-Urheberrechtsreform durchgeführt. Nachfolgend wird der Interviewablauf, die zugrunde liegende Methodik, der verwendete Interviewleitfaden sowie die beiden Schwerpunkte erläutert werden.

7.1 Interviewablauf

Die Auswahl der zehn SuS sowie deren Interviews fanden im privaten Rahmen statt. Beim hessischen Kultusministerium wurde kein Antrag auf eine Schülerbefragung im schulischen Kontext gestellt, da die Bearbeitungs-, Genehmigungsphase sowie die anschließende Bestätigung durch die Gesamtkonferenz der einzelnen Schulen den vorhandenen zeitlichen Rahmen überstiegen hätte.

Insgesamt wurden drei männliche Schüler und sieben weibliche Schülerinnen[86], welche zum Zeitpunkt der Interviews zwischen 12 und 19 Jahre alt waren, in einem Zeitraum von 14 Tagen interviewt. Neun der SuS gehen auf dieselbe kooperative Gesamtschule, wobei drei von ihnen die gymnasiale Oberstufe, drei den Realschulzweig sowie drei weitere befragte Personen das Gymnasium besuchen. Die andere Person besucht die gymnasiale Oberstufe eines reinen Gymnasiums. Es wurden immer jeweils fünf Personen zu den zwei Themenschwerpunkten, welche durch kurze Sequenzen von Youtube-Videos ergänzt wurden, befragt. Die Interviews dauerten durchschnittlich 17:29 Minuten, wobei das kürzeste 10:30 Minuten und das längste 29:27 Minuten andauerte. Die Erreichung eines ausgewogeneren Geschlechterverhältnisses sowie die Abdeckung eines breiteren Bildungsspektrums – von der Förderschule bis zur gymnasialen Oberstufe – wäre wünschenswert gewesen, allerdings konnte dies aufgrund fehlender InterviewpartnerInnen nicht realisiert werden.

7.1.1 Methodik

Aufgrund des explorativen Charakters der Themenstellung sowie der zugrunde liegenden Forschungsfrage wurde sich im Vorfeld der Arbeit für ein qualitatives statt quantitatives Vorgehen entschieden. Anhand der qualitativen Schülerinterviews – mittels eines Interviewleitfadens – sollten neue Erkenntnisse und Einblicke in die Lebenswelt von Jugendlichen, der Bedeutung der Plattform Youtube für diese und die Beeinflussungsmöglichkeiten ihrer politischen sowie gesellschaftlichen Einstellungen durch YoutuberInnen gewonnen werden.

Qualitative Einzelinterviews bieten den Vorteil, dass sie flexibler und offener zu gestalten und durchzuführen sind als quantitative Verfahren anhand der Auswertung von Fragebögen. Die Befragungen liefern sogenannte „weiche Daten"[87] – also realitätsnahe Datensätze – da die Sichtweise der betroffenen Personen im Fokus stehen. Quantitatives Forschen überprüft anhand „harter Daten"[88]– also replizierbare Datensätze – bereits festgelegte Hypothesen. Es handelt sich hierbei um eine Außenperspektive auf das Forschungsgebiet (vgl. Röbken, Wetzel 2016, 12).

Die Entwicklung sowie Durchführung der Interviews orientierte sich am Prinzip des Leitfadeninterviews, welcher als Oberbegriff für eine bestimmte Art der Durchführung verstanden werden kann (vgl. Reinders 2016, 208). Ferner handelt es sich um ein teil- beziehungsweise semistrukturiertes Vorgehen, wodurch eine größere Flexibilität und Offenheit im Interviewverlauf erreicht werden kann. Die Fragen des Leitfadens sind vorformuliert, erlauben es aber, die Reihenfolge – wenn nötig – zu ändern oder neue Fragen, welche sich im Verlauf des Interviews ergeben können, den interviewten SuS zu stellen. Als positiv zu bewerten ist, dass eine alltagssprachliche Nähe erhalten werden kann sowie die einzelnen Themen durch genaueres Fragen eingrenzbar sind. Es können jedoch durch dieses Vorgehen keine Rückschlüsse auf Generalisierungen vorgenommen, sondern lediglich subjektive Bedeutungszuschreibungen für diverse Thematiken ermittelt werden (vgl. ebd., 213).

> *„Die Konstruktionsprinzipien des problemorientieren Interviews (PZI) (...) zielen auf eine möglichst unvoreingenommene Erfassung individueller Handlungen sowie subjektiver Wahrnehmungen und Verarbeitungsweisen gesellschaftlicher Realität."*
> *(Witzel 2000)*

Das problemorientierte Interview – nachfolgend nur noch als PZI bezeichnet – kann hinsichtlich der vorliegenden Methodik dem „symbolischen Interaktionismus und dem theoriegenerierenden Verfahren der Grounded Theory[89] von Glaser und Strauss (1967)“ (Reinders 2016, 254) zugeordnet werden. Als Zielsetzung kann die objektive Erfassung von subjektiven Perspektiven auf ein gesellschaftsrelevantes Problem und die daraus resultierende Theoriegenerierung verstanden werden. Narrative Elemente bilden dabei eine zentrale Basis (vgl. Misoch 2015, 121). Ferner kann das PZI durch ein bewusstes induktiv-deduktives Wechselspiel charakterisiert werden, wobei es zu einer Verknüpfung von theoretischem Vorwissen sowie neuem Erkenntnisgewinn kommen soll (vgl. ebd.). Das zyklische Vorgehen des PZI orientiert sich an den Paradigmen der Grounded Theory und den damit verbundenen drei Grundprinzipien. Die Problemzentrierung, Gegenstandsorientierung und Prozessorientierung.

Im Sinne der *Problemzentrierung* muss innerhalb des PZI ein gesellschaftsrelevantes Problem thematisiert werden. Als Basis ist hierbei problembezogenes Vorwissen des Forschenden anzusehen, welche bereits im Vorfeld deduktiv in den Entwicklungsprozess – hinsichtlich der Leitfadenentwicklung – einfließen soll. Die *Gegenstandsorientierung* ermöglicht ein flexibles und an die interviewte Person angepasstes Vorgehen während des gesamten Forschungsprozesses. Dieser Prozess – sollte im Sinne der *Prozessorientierung* – erkenntnistheoretisch und prozesshaft weiterentwickelt werden (vgl. ebd., 121f.).

Nach Mayring kann das PZI insgesamt in fünf Phasen unterteilt werden. Diese sind die Problemanalyse, Leitfadenkonstruktion, Pilotierung, Interview- und Auswertungsphase (vgl. Mayring 2015, 469ff.). Die erste Phase beschäftigt sich mit der Identifikation sowie Auswertung des forschungsspezifischen Problemgebietes. Die Leitfadenkonstruktion bildet die Basis für das weitere Vorgehen und muss während des gesamten Prozesses beständig weiterentwickelt beziehungsweise an die neuen Bedürfnisse angepasst werden. In der anschließenden Pilotphase wird der konstruierte Leitfaden erprobt und wenn nötig verändert. Innerhalb der Interviewdurchführung kommt der – eventuell modifizierte – Leitfaden zum Einsatz. Diese Phase sollte durch Kurzfragebögen; Einleitungs-, Sondierungs- und Ad-hoc-Fragen sowie durch ein Postskriptum erweitert werden. Die Durchführung sollte gänzlich transkribiert werden, um eine größtmögliche Transparenz zu erzielen. Die Auswertung der Befragungen sollte zeitnah durchgeführt werden (vgl. Reinders 2016, 262ff.).

Als vorteilhaft ist das klar eingegrenzte Forschungsgebiet des PZI zu bewerten, welche es dem/r Interviewenden ermöglicht, explizit auf spezifische Aspekte und Erfahrungen eingehen zu können. Der vorhandene Leitfaden bietet den beteiligten AkteurInnen Orientierungsmöglichkeiten sowie die Einstiegsphase freies Assoziieren an. Das PZI generiert in der Regel einen dynamischen Gesprächsfluss, welcher nur bedingt durch die befragende Person gesteuert werden muss (vgl. ebd., 273).

7.1.2 Interviewleitfaden

Dem Interviewleitfaden liegt folgende Forschungsfrage „Beeinflussen YoutuberInnen mit ihren Videos (Vlogs, Blogs, Musik, Comedy usw.) die politische und/oder gesellschaftliche Einstellung von Jugendlichen?“ zugrunde. Je nach gewählten Themenschwerpunkt variieren die fünf Beispielfragen[90] sowie die dazugehörende kurze Videosequenz.

Insgesamt ist der Leitfaden durch 27 Fragen aufgebaut, welche diverse Interessens- sowie Wissensbereiche abdecken sollen. In den Interviews wurden die einzelnen Fragen in der angegebenen Reihenfolge gestellt und teilweise durch weitere – für den wissenschaftlichen Kontext – relevante Fragen ergänzt. Teilweise variierten die sprachlichen Formulierungen der gestellten Fragen, jedoch war die inhaltliche Thematik beziehungsweise Intention stets dieselbe. Die Fragen wurden alle möglichst offen formuliert, um den interviewten SuS Möglichkeitsräume zu eröffnen, in denen sie möglichst frei Antworten und auf ihre eigenen Erfahrungen Bezug nehmen konnten (vgl. Misoch 2015, 116). Die Verwendung des Leitfadens soll einerseits den inhaltlichen Befragungsprozess steuern sowie andererseits eine Vergleichbarkeit der gesammelten Daten ermöglichen. Der zugrunde liegende Leitfaden sowie die Fragen orientieren sich an den drei Grundprinzipien – *Offenheit, Prozesshaftigkeit, Kommunikation* – der qualitativen Forschung nach Reinders (2016).

Neben den drei grundlegenden Prinzipien kann der Leitfaden in vier strukturelle Phasen unterteilt werden. Beginnend mit der Informationsphase, wobei es sich um einen biografischen Impuls handelt, soll die darauffolgende Aufwärm- und Einstiegsphase einen Lebensweltbezug für die interviewten

SuS generieren sowie einen erleichterten Zugang zu dem Forschungsthema ermöglichen. Ergänzend sollen den Befragten in dieser Phase die Angst vor „falschen Antworten" genommen werden. Im Fokus stehen dabei individuelle und authentische Antworten, welche durch die befragende Person verbal oder nonverbal bestätigt werden sollten. Dadurch kann die mögliche Verzerrung der erhobenen Daten durch ein bestimmtes Antwortverhalten, welches durch „soziale Erwünschtheit"[91] zustande kommen kann, vermindert werden. Die Fragen der Hauptphase sind sowohl deduktiv als auch induktiv formuliert, wobei auf das vorher aktivierte Vorwissen der interviewten SuS zurückgegriffen wird und neuer Erkenntnisgewinn durch kurze Videosequenzen unterstützt werden soll. Die Abschlussphase soll einen Gesprächsraum ermöglichen, um die besprochenen Inhalte reflektieren zu können sowie bislang unerwähnte Informationen zu erzählen (vgl. Misoch 2015, 119f.).

7.1.3 Themenschwerpunkt: Rollen-/Geschlechterbilder

Innerhalb der Interviews mit den SuS wurde der Themenschwerpunkt *Rollen-/Geschlechterbilder* unterstützend anhand einer kurzen Videosequenz von den YoutuberInnen *ApeCrime* und *Melina Sophie* thematisiert. Die YoutuberInnen lassen sich den Genres *Beauty/Fashion/Lifestyle*, *Vlogs* und *Comedy* zuordnen.

Die gesellschaftliche Zuweisung von bestimmten Rollen- und Geschlechterbildern und damit verbunden die Stereotypisierung des einzelnen Geschlechtes prägte ganze Generationen in Deutschland und der Welt. In den letzten Jahrzehnten kam es zu einem Wandel der Rollenbilder, besonders hinsichtlich der Rolle der „modernen" Frau. Bis zur Mitte des letzten Jahrhunderts wurden Frauen vor allem als Hausfrauen und Mütter in der Öffentlichkeit wahrgenommen. Gleichberechtigung, Frauenquote, Gender-Debatte, Feminismus und Empowerment sind nur einige politische Schlagwörter der letzten Jahre. Kampagnen/Bewegungen wie die #MeToo-Kampagne[92] – welche im Oktober 2017 über diverse Neue Medien verbreitet worden ist – illustrieren die emotionalen und kontroversen Debatten rund um die Geschlechterthematiken (vgl. Schwarte 2018).

Medien und deren Akteure vermitteln teilweise bewusst oder unbewusst (geschlechterspezifische) Stereotypen und Weltbilder, welche mit gesellschaftlichen Normen und Gepflogenheiten verbunden sind. So werden mit

Männern und Frauen bestimmte Attribute und Verhaltensweisen assoziiert. Stereotypen oder Rollenbilder können spezifische Funktionen – positive wie negative – für soziale Gemeinschaften übernehmen. Stereotypen, welche aus Kategorisierung und Attribuierung entstehen, zeichnen sich zwar durch eine hohe Änderungsresistenz aus, jedoch sind Veränderungen nicht unmöglich (vgl. Thiele 2016). Der Psychologe Thomas Eckes weist ferner auf den Aspekt hin, dass neben globalen Kategorien – wie die der „Frau" – auch Subkategorien – Hausfrau, Geschäftsfrau etc. – existieren. Diese beziehen sich zwar auf den übergeordneten Kategorienbegriff, dennoch kann es neben Überschneidungen auch zu Widersprüchen kommen. Ähnliche Widersprüche und Rollenkonflikte können auch in Bezug auf die „soziale Rolle" festgestellt werden, an die sich ebenfalls spezifische Erwartungen richten können (vgl. Eckes 2010, 182).

Geschlechterspezifische Stereotypen sind im Regelfall durch das vorherrschende Verständnis einer Zweigeschlechtlichkeit – Mann und Frau – und der damit verbundenen sexuellen Orientierung geprägt. Verstoßen Personen gegen diese „geschlechterspezifischen Normen", werden sie innerhalb von heteronormativen Gesellschaftsformen als „Anders" kategorisiert (vgl. Thiele 2016).

Geschlechterstereotypen und die damit verbundenen positiv oder negativ besetzten Rollenbilder sind auch in der Medienlandschaft omnipräsent zu beobachten. Bis weit in die 1970er-Jahre wurden die diversen Medienformate überwiegend durch Männer dominiert und erst im Zuge verschiedener Frauenbewegungen kam es zu einer Angleichung des Geschlechterverhältnisses in den Medien (vgl. Klaus 2005, 152ff.). Dennoch sind bis heute wesentlich mehr männliche als weibliche AkteurInnen in der Medienlandschaft vertreten. Zwar erscheinen die klassischen Frauenstereotypen durch neue/veränderte Rollenbilder erweitert worden zu sein, jedoch sind diese nicht weniger geschlechterstereotypisierend. Ein breiteres Rollenspektrum und die häufigere Thematisierung im öffentlichen und medialen Diskurs dürfen allerdings nicht mit einer gesellschaftlichen Akzeptanz gleichgesetzt werden. Gerade im Kontext von Werbung oder Unterhaltungsformaten wird bewusst mit Geschlechterstereotypen und Klischees gearbeitet, die auf vermeintliche Unterschiede zwischen den Geschlechtern verweisen (vgl. Thiele 2016). Eine unzureichende Reflexion sowie fehlende Kommunikation kann zu der Übernahme von fehlerhaften Rollenbildern führen und muss deswegen kritisch hinterfragt werden. Besonders Kinder und Jugendliche sind – während des Identitätsprozesses – auf der Suche nach Orientierung und Vorbildern und könnten diese fehlerhaften Geschlechterstereotypisierungen für sich übernehmen.

7.1.4 Themenschwerpunkt: Artikel 13

Innerhalb der Interviews mit den SuS wurde der Themenschwerpunkt *Artikel 13* unterstützend anhand einer kurzen Videosequenz von dem Youtuber *LeFloid* thematisiert. Der Youtuber lässt sich den Genres *Nachrichten / Wissen* und *Comedy* zuordnen.

Die neue EU-Urheberrechtsreform, welcher am 26. März 2019 die Abgeordneten des EU-Parlaments zugestimmt haben[93], spaltete das politische Europa in zwei Lager. Im Vorfeld der Abstimmung kam es zu massiven Protesten der GegnerInnen der umstrittenen Reform. Umstritten sind vor allem zwei Artikel des neuen Gesetzes, Artikel 15 – ehemals Artikel 11 – und Artikel 17 – ehemals Artikel 13.
Der „neue" Artikel 15 soll zukünftig das Leistungsschutzrecht für PresseverlegerInnen regeln, wodurch AutorInnen/JournalistInnen mehr Geld für die Nutzung ihrer Inhalte durch Dritte bekommen sollen. Seit 2013 gilt in Deutschland schon das ähnliche nationale Leistungsschutzgesetz, jedoch sind die Resonanzen darauf bisher eher verhalten ausgefallen. Das aktuelle Gesetz sieht vor, dass große Suchmaschinen wie Google zukünftig nur noch mit Genehmigung der Verlage Snippets[94] bei ihren Suchergebnissen anzeigen dürfen. Problematisch ist dabei jedoch, dass die Verlage und JournalistInnen darauf angewiesen sind, dass die großen Suchmaschinen sie bei ihren Suchergebnissen listen, damit sie eine entsprechende Reichweite erzielen können. Dies führte in der Folge dazu, dass die Suchmaschinen die Snippets kostenlos nutzen konnten. Hierbei wird von vielen KritikerInnen vor allem auf die potenziellen Gefahren der Machtkonzentration auf einzelne große Unternehmen – Stichwort Frightful Five – verwiesen (vgl. Kühl 2019).

Durch die Umsetzung des „neuen" Artikels 17 befürchten viele KritikerInnen, PolitikerInnen sowie NetzaktivistInnen das Ende des Internets, so wie wir es kennen. Das ein neues EU-Urheberrechtsgesetz benötigt wird, wird nicht in Abrede gestellt, jedoch wurde über die geplante Umsetzung des sogenannten Upload Filters kontrovers (auf sämtlichen Plattformen) diskutiert. Das aktuell noch geltende EU-Urheberrecht stammt aus dem Jahr 2001 und entspricht nicht den Erfordernissen des digitalisierten Zeitalters. Durch die Reform sollen die kulturellen sowie technologischen Entwicklungen der letzten Jahre aufgegriffen und in den Mitgliedsländern einheitliche rechtliche Rahmenbedingungen geschaffen werden (vgl. ebd.).

Der Artikel 17 führt zur Haftbarkeit von PlattformbetreiberInnen, wie Youtube oder Reddit, wenn die Nutzenden ohne Lizenzen urheberrechtliches Material hochladen. Bisher mussten die Plattformen erst nach der Meldung einer Urheberrechtsverletzung reagieren und die Inhalte löschen. Nun sollen die hochgeladenen Inhalte durch sogenannte Uploadfilter[95], direkt beim Hochladen auf Urheberrechtsverletzungen überprüft werden. An den Filtern wird hauptsächlich bemängelt, dass sie zu fehleranfällig sind und durch ihren Einsatz eine Zensur- sowie Kontrollinfrastruktur geschaffen wird (vgl. Reuter 2019). Neben den Bedenken bezüglich des Datenschutzes von personenbezogenen Daten wird befürchtet, dass die künstlerische Freiheit eingeschränkt sowie mögliche Innovationen gebremst werden. Unternehmen/ Plattformen, welche jünger als drei Jahre alt sind und einen Jahresumsatz unter zehn Millionen Euro haben, sind aktuell von dem Artikel 17 ausgenommen (vgl. bpb 2019b).

Befürwortet wird der Artikel 17 im Allgemeinen von Kreativen und (Medien-)Produzierenden, da dadurch ihre Rechte gestärkt werden. Neben ihnen profitieren Verwertungsgesellschaften wie die GEMA[96], wenn die Plattformen Lizenzen von ihnen kaufen müssen (vgl. ebd.).

7.2 Vorstellung der YoutuberInnen

Nachfolgend werden drei bekannte deutsche YoutuberInnen und deren Channels vorgestellt werden, dabei handelt es sich um zwei Einzelpersonen sowie um ein „Künstlerkollektiv“, welches aus drei männlichen Akteuren besteht. Die Auswahl der drei Youtube-Channels soll einen exemplarischen Einblick auf die aktuelle deutsche Youtube-Szene und deren Stars ermöglichen. Sie können mehreren populären Genres zugeordnet werden und erreichen aufgrund ihrer hohen Zahl von Abonnierenden eine Vielzahl von unterschiedlichen Milieus.

Anhand des gemeinsam produzierten Videos „Worauf stehen Männer bei Frauen? – Mit Melina“ durch das Youtuber-Trio *ApeCrime* (seit Dezember 2019 inaktiv) und der Youtuberin *Melina Sophie* kann die Darstellung von Geschlechter-/Rollenbildern aufgegriffen werden (vgl. ApeCrime 2016). Anhand des Videos „Artikel 13, Merkelfilter, Belügt uns die Justizministerin? & Youtubes Riesenproblem…“ des Youtubers *LeFloid* kann die Debatte um den kontrovers diskutierten Artikel 13 thematisiert werden (vgl. LeFloid 2019a).

7.2.1 ApeCrime und Melina Sophie

Das Youtuber-Trio *ApeCrime* war von Anfang 2011 bis Dezember 2019 auf der Plattform aktiv, hatte im Frühjahr 2019 circa 3,8 Millionen Abonnierende und kann dem Genre *Comedy, Vlog* sowie *Musik* zugeordnet werden (vgl. ApeCrime 2019). Das Trio bestand aus Cengiz Dogrul (29 Jahre), Jan-Christoph Meyer (29 Jahre) und Andre Schiebler (28 Jahre), welche alle ursprünglich aus Hannover stammen und gemeinsam in einer WG in der Stadt Köln lebten. Im Frühjahr 2019 wurden sie durch die InfluencerInnen-Agentur Flow:fwd[97] aus Hamburg gemanagt, welche ebenfalls auch die Youtuberin *Melina Sophie* betreuen. Neben ihren Hauptkanal betrieben sie noch den Kanal *ApeCrimeTV* und vertrieben über die Webseite *CrimeShop* ihre eigenen Merchandising-Produkte (vgl. CrimeShop 2019).

Die hochgeladenen Videos sowie die Ausdrucksweise der drei Männer sind reißerisch und tendieren ins Vulgäre. Ein Großteil der Videos basieren auf klischee- sowie vorurteilsbelasteten Kategorisierungen und tragen in der Regel Title wie „10 Arten von (…)“. Ferner werden in unangemessener Weise „Tabus“ thematisiert und Minderheiten – seien es sexuelle oder ethnische – diskreditiert. Neben der starken Thematisierung von geschlechterbezogenen Stereotypen finden sich auf dem Kanal diverse Challenges sowie Pranks, welche nicht zum Nachmachen geeignet sind. Die drei Youtuber können nicht als geeignete Vorbildfunktionen wahrgenommen werden und können den ZuschauerInnen fehlerhafte Weltbilder vermitteln.[98]

Die Youtuberin *Melina Sophie* (25 Jahre) – früherer Channel-Name *LifeWithMelina* – ist seit Anfang 2012 auf der Plattform aktiv, hatte im Frühjahr 2019 circa 1,8 Millionen Abonnierende und kann den Genres *Lifestyle/Beauty/Fashion, Let's Play* und *Vlog* zugeordnet werden. Neben ihrem Hauptkanal betrieb sie 2019 noch drei weitere Kanäle *GamingWithMelina, DailyMelinaSophie* und seit Anfang 2019 *melina.* Seit 2016 lebt die gebürtige Deutsche in Island. Sie wird – ebenfalls wie das Youtuber-Trio *ApeCrime* – durch die Agentur Flow:fwd gemanagt.

Bekannt geworden ist die Youtuberin unter anderem durch die Thematisierung ihrer Homosexualität im Jahr 2015, wobei sie zu den wenigen YoutuberInnen gehört, welche kontroverse Thematiken in ihren Videos anspricht (vgl. Melina Sophie 2015). Ferner stellt sie durch ihre rege Interaktion mit ihren ZuschauerInnen eine Ausnahme in der Community dar (vgl. Brügge, Gebel 2017, 14f.). Ihre hochgeladenen Videos erfüllen, die in Kapitel 6.2.2 beschriebenen Charakteristika der einzelnen Genres. Auffällig sind dabei die klischeehaften Kategorisierungen bestimmter Lebensweisen, die Thematisierung von jugendspezifischen Themen (Pubertät; erste sexuelle Kontakte; Streit mit Eltern, Lehrenden oder Freunden usw.), die persönlichen Drehorte sowie die gewollte und inszenierte Vermittlung von Nähe zu den Abonnierenden. Typisch ist ebenfalls der schnelllebige und verschwenderische Umgang mit Finanzen und Konsummitteln. Die Youtuberin kann aufgrund ihres offenen Umgangs und der Thematisierung ihrer Homosexualität teilweise als Vorbildfunktion angesehen werden, jedoch können ihre Videos auch fehlerhafte Weltbilder vermitteln.

7.2.2 LeFloid

Der Youtuber *LeFloid* (33 Jahre) – alias Florian Diedrich – ist seit Ende 2007 auf der Plattform aktiv, hatte im Frühjahr 2019 circa 3 Millionen Abonnierende und kann den Genres *Nachrichten, Comedy* und *Let's Play* zugeordnet werden (vgl. LeFloid 2019b). Ab 2015 wurde der Youtuber durch die Agentur Studio71, welche zur ProSiebenSat1 Media Gruppe gehört, gemanagt (vgl. Schakarian 2015a). Zuvor hatte er öffentlich wirksam die Agentur *Mediakraft*[99] verlassen und gemeinsam mit anderen YoutuberInnen den Verein *301+*[100] gegründet. Aktuell steht er bei der 2nd Wave Agentur unter Vertrag.

Sein „Nachrichtenformat“ *LeNews* erscheint zweimal pro Woche, wobei er aktuelle Nachrichten und Meldungen aus aller Welt thematisiert. Die Darstellung der „Fakten“ ist jedoch zumeist nicht neutral, sondern wird aus der (gefärbten) Perspektive des Youtubers präsentiert. Sein im Jahr 2015 geführtes Interview mit Kanzlerin Angela Merkel wurde kontrovers in der Öffentlichkeit diskutiert.[101] Wiederholt stand LeFloid auch in der Kritik falsche Nachrichten und Verschwörungstheorien auf seinem Kanal zu verbreiten. So wurde beispielsweise eins seiner Videos auf der re:publica.[102] 2015 eingehend thematisiert und anhand dessen verschiedene Falschaussagen des Youtubers enttarnt.[103] Die hochgeladenen Videos entsprechen den verschiedenen Charakteristika der einzelnen Genre-Kategorien aus Kapitel 6.2.2. Die Verwendung sowie Nennung von diversen Quellen verleihen LeFloid auf den ersten Blick eine gewisse Seriosität und Authentizität, jedoch sind diese Benennungen kritisch zu hinterfragen, da die eigentlichen Inhalte in den Videos stellenweise stark verändert wurden (siehe hybride Fakes, Kap. 5.3.1). Der Youtuber besitzt für viele Jugendliche und junge Erwachsene eine ausgeprägte Vorbildfunktion, allerdings ist sein Vorgehen und Interagieren teilweise als gefährlich/bedenklich einzustufen und bedarf einen kritischen Reflexionsprozess.

7.3 Schülerinterviews

Anhand des Leitfadens lassen sich die zehn qualitativ geführten Schülerinterviews miteinander vergleichen und neue Erkenntnisse bezüglich der Forschungsfrage gewinnen. Hinsichtlich der beiden Themenschwerpunkte wird es zu einer getrennten Betrachtung der spezifischen Interviewphasen kommen. Die Erkenntnisse aus den gemeinsamen Informations-, Einstiegs- sowie Abschlussphasen werden nachfolgend chronologisch dargestellt.

7.3.1 Einstiegsphase

Für neun der zehn befragten Jugendlichen nimmt die Plattform einen mittleren bis sehr hohen Stellenwert in ihrem alltäglichen Leben ein und sie geben an, dass sie in der Regel zwischen ein bis zwei Stunden am Tag auf dieser aktiv sind. Nur BW5 (W,13) gibt bei dem Interview an, dass sie die Plattform aus fehlendem Interesse wenig nutzt und in ihrer Freizeit andere mediale Angebote, wie den Streaming-Dienst Netflix, konsumiert.

Beliebte Genres

Die Plattform wird überwiegend mit spezifischen Genres, InfluencerInnen mit großer Reichweite und mit einer fortschreitenden Kommerzialisierung der YoutuberInnen assoziiert. Ein Befragter, BW2 (M,16), benennt den Wandel der Plattform anhand des früheren Mottos „Broadcast yourself" und beschreibt an diesem sowohl die Kommerzialisierung der Seite als auch die Professionalisierung der AkteurInnen. Die Nennung von spezifischen Genres kann auf die persönlichen Präferenzen der befragten Jugendlichen zurückgeführt werden. Diese benennen in diesem Zusammenhang die Genres Musik, Let's Play, Comedy und Bildung/Wissen/Technik. Das Genre Beauty/Lifestyle/Fashion wird nur von zwei Personen, BW4 (W,18) und BW5 (W,13), genannt. Interessanterweise wird in fast allen geführten Interviews der Name Bibi – BibisBeautyPalace[104] alias Bianca Claßen – erwähnt. Stets jedoch in einem negativen Kontext sowie einer abwehrenden Haltung gegenüber ihren Videos und Inhalten. Durch BW7 (W,16) wird auch die aktuelle Debatte um den Artikel 13 angesprochen, welche sie aktiv mit der Plattform assoziiert. BW8 (M,19) führt ferner den praktischen Nutzen Youtubes an, beispielsweise um aktuelle Nachrichten nachzuschauen oder um Erklärvideos zu verschiedenen schulischen Themen zu konsumieren. Alle Jugendlichen gaben im Interview an, dass sie die Plattform sowohl in ihrer persönlichen Freizeit als auch für die Schule, als Erklärvideos oder Dokumentationen, nutzen. Es ist jedoch eine deutlich stärkere freizeitliche Gewichtung festzustellen.

Unbeliebte Genres

Acht der zehn SuS bewerten Challenges- und Pranks-Videos als uninteressant oder verurteilen die dort gezeigten Inhalte, da sie sie als gefährlich oder blöd bewerten. BW9 (W,18) bezeichnet die dafür verantwortlichen AkteurInnen als „Assi-YoutuberInnen", die mit dem bekannten Trash-TV vergleichbar wären. Nur BW5 (W,13) und BW6 (W,12) bewerten diese Videos als unterhaltsam und lustig, stellen jedoch auch feste Handlungs- und Verhaltensnormen auf. So dürfen die Streiche nicht zu weit gehen, wobei BW6 (W,12) dafür die mutwillige Zerstörung von Handys anführt. Ergänzend verlangen sie eine realistische Darstellungsweise in den Videos.

BW7 (W,16): Sowas im Content von BibisBeautyPalace, so irgendwie oberflächliche Themen interessieren mich nicht.

Wie bereits formuliert, wird das Genre Beauty/Fashion/Lifestyle, bis auf zwei Jugendliche, als uninteressant bewertet, wobei die Youtuberin Bianca Claßen als (negatives) Sinnbild für dieses Genre verwendet wird. Nicht verwunderlich sind die einzelnen Nennungen von Genres wie Gaming (Let's Plays) oder handwerklichen Videos (Do-it-yourself) als uninteressant, da dies auf die persönlichen Vorlieben der Befragten zurückzuführen ist.

Suchverhalten und Trendwahrnehmung

Neun der zehn SuS geben an, dass sie alle gesuchten/gewünschten Inhalte auf der Seite finden können. Nur BW6 (W,12) formuliert den Wunsch nach mehr Erklärvideos für den schulischen Gebrauch. Aufgrund des vielfältigen und großen Angebotes an Erklärvideos auf der Plattform, ist es anzunehmen, dass BW6 (W,12) nicht gezielt oder intensiv nach diesen Inhalten gesucht hat. Hinsichtlich der Frage, inwiefern für die SuS die aktuellen Trends eine Rolle spielen würden, vertraten acht der zehn befragten Jugendlichen eine abwehrende und negative Haltung. Die aktuellen Trends spielen für diese eine untergeordnete Rolle und widersprechen den persönlichen Präferenzen.

> *BW3 (W,16): Also bei den Trends, man kann ja rüber gucken, aber ich gucke eigentlich nie rein. Weil meistens die im Trend sind, die ich nicht mag. Weil die meistens von den großen Youtubern sind und die machen meiner Meinung nach nicht so gute Videos.*

BW3 (W,16) bekundet weiter eine starke Abneigung gegen „die Großen" und begründet dies an der Kommerzialisierung Youtubes sowie an schlechten Videos, was sich sowohl auf die schauspielerischen als auch auf die inhaltlichen Leistungen beziehen kann. Weiter kam es in dem Fall von BW2 (M,16) zu einer Verlagerung von den deutschen hin zu den amerikanischen Trends, aufgrund von schlechten und störenden Erfahrungen auf der deutschen Trendseite. In diesem Zusammenhang muss auch die bilinguale Nutzung der Plattform durch die befragten Jugendlichen erwähnt werden. Insgesamt lässt sich eine gezielte Suche, etwa nach spezifischen Inhalten, bei allen befragten Personen feststellen.

> *BW8 (M,19): Da gucke ich fast nie nach, ich bin immer nur auf meiner persönlichen Startseite, wo ja natürlich ein bisschen gefiltert wird. Aber jetzt die Trends? Da bin ich gar nicht dran interessiert.*

Die zwei jungen Erwachsenen BW8 (M,19) und BW4 (W,18) benannten ferner die Wirkung der Filter und die damit verbundene spezifische Videoauswahl auf der eigenen Startseite, welche sie anstelle der Trendseite benutzen. Diese reflexive Wahrnehmung lässt sich eventuell auf das Alter der beiden, sie gehören mit 18 und 19 Jahren zu den Ältesten der Befragung, sowie auf ihren hohen Bildungsstand, beide besuchen eine gymnasiale Oberstufe, zurückführen.

BW5 (W,13): Also ich finde, es gibt Trends, die halt sinnvoll sind und die man dann nachmachen kann. Aber es gibt auch sehr dumme Trends, die man jetzt nicht unbedingt nachmachen sollte (lacht).

BW6 (W,12): (überlegend) Das ist meistens unterschiedlich. Also ich schaue mir das an, was mir empfohlen wird oder was sich gut anhört. Das schaue ich mir halt an.

Die beiden Jüngsten, BW5 (W,13) und BW6 (W,12), benutzen aktiv die deutsche Trendseite, jedoch wählen sie die Videos selektiv aus und bewerten sie auch in diesem Kontext. So unterscheiden beide zwischen sinnvollen Angeboten/Videos und nicht empfehlenswerten Videos, die nicht zum Nachmachen geeignet sind. Es lässt sich annehmen, dass für die anderen acht Befragten die Trendseite in einem früheren Zeitraum eine stärkere Rolle gespielt und sich diese durch negative Erfahrungen gelegt hat. Weiter kann ange- nommen werden, dass die gezielte Suche nach Inhalten auf den Identitätsbildungsprozess und der Ausbildung einer gefestigten Persönlichkeit mit spezifischen Interessen zurückzuführen ist.

Nutzungsform und Kommunikationsmöglichkeiten

Alle Heranwachsenden gaben während des Interviews an, dass sie die Plattform nur passiv nutzen würden und nur zwei Personen, dass sie einmal beziehungsweise wenige Male etwas kommentiert hätten. Vermutlich jedoch negative Erfahrungen gemacht und dadurch das aktive Handeln wiedereingestellt haben. Dies würde auch die „90-9-1“ -Theorie von Jakob Nielsen stützen (vgl. Kap. 6.2.3), dass neunzig Prozent der Internetnutzenden nur stille BeobachterInnen seien. Dafür spricht auch, dass die Jugendlichen teilweise nicht wussten, ob sie ein eigenes Konto bei der Plattform besitzen oder ob sie einen Gastzugang nutzen.

> *BW9 (W,18): Aber was sich die meisten Leute und ich natürlich auch erhoffen, dass der Youtuber persönlich dazu Stellung bezieht. Aber das passiert einfach nicht und dann fühlt man sich naja unwichtig. Dann lässt man es halt. Also ich persönlich lasse es halt einfach.*

Hinsichtlich der Kommentarfunktion gab BW9 (W,18) an, dass sie vor allem die nicht vorhandenen Reaktionen der (großen) YoutuberInnen bedauert und dass sie aus diesem Grund nun die Plattform Twitch.tv nutzen würde. Diese biete den Nutzenden einen direkten Kontakt zu den „KünstlerInnen" an, da die Plattform zu einem großen Teil auf freiwilligen Spenden für diese beruht. Zwei Jugendliche, BW2 (M,16) und BW6 (W,12), gaben an, dass sie früher mal den Wunsch verspürt hätten, aktiv Youtube-Videos zu produzieren, dieser sich aber aus unterschiedlichen Gründen erledigt habe. BW2 (M,16) gab dazu beispielsweise an, dass ihm die entsprechende Hardware gefehlt hätte und nun die Schule und die kommende Ausbildung für ihn wichtiger seien. BW10 (W,19) gab an, dass sie ein Video von einem besonderen Anlass, wie zum Beispiel von ihrer eigenen Hochzeit, hochladen würde, bisher aber noch keine eigenen Inhalte hochgeladen hat.

Acht der zehn Jugendlichen reagierten vehement auf die Frage, ob sie schon mal Inhalte hochgeladen haben oder es noch vorhaben. Durch genaueres Nachfragen kam dabei heraus, dass die Heranwachsenden mehrheitlich Angst vor negativen Konsequenzen durch das Hochladen von Videos hätten. BW9 (W,18) führt dazu persönliche Erfahrungen aus ihrer Schule an, wobei die betreffenden Personen, wegen ihren hochgeladenen Inhalten, anhaltend gemobbt werden würden.

> *BW4 (W,18): Ja, also ich glaube nicht, dass ich eine Person bin, die gerne Videos über sich selbst machen wollen würde.*

> *BW7 (W,16): Ich will es mir einfach nur anschauen und ich bin jetzt auch nicht dafür geeignet, selbst Videos zu machen und mir ist der Gedanke auch noch nie gekommen.*

BW7 (W,16) beschreibt sich dabei selbst als nicht geeignet, um Videos zu produzieren. Ebenso wie BW4 (W,18), welche aussagt, dass sie nicht gerne Videos über sich selbst machen würde. Dies führt zu der Annahme, dass YoutuberInnen spezifische Merkmale und Charakteristika zugesprochen werden, die sie dazu befähigen, Videos herzustellen und zu verbreiten. Diese

Entwicklung verdeutlicht aber auch, dass die zugesprochenen Entfaltungs- und Identitätsentwicklungsräume für Jugendliche auf der Plattform für die befragten SuS nicht funktionieren. Sie haben nicht die Möglichkeit, verschiedene Identitäten auszuprobieren, da sie Angst vor den gesellschaftlichen und schulischen Auswirkungen – (Cyber-)Mobbing – haben (vgl. Kap. 5.1.2). BW8 (M,19) beschreibt in seinem Interview vor allem die negativen/positiven Auswirkungen für/auf jüngere Personen auf dem Weg zu einem „Youtube-Star".

Erwünschtes Verhalten von den YoutuberInnen

YoutuberInnen sollten für die befragten SuS in einem hohen Maße Authentizität und Spaß verkörpern sowie zu ihrer Unterhaltung beitragen. Ihre Beiträge sollten originell und unabhängig vom breiten Mainstream erfolgen. Ferner lassen sich in den Interviews auch explizite Erwartungen an die Professionalität der Videos, hinsichtlich Ton- und Bildqualität, feststellen. Die teilweise geforderte Professionalisierung steht in einer deutlichen Diskrepanz mit der kritisierten Kommerzialisierung und der damit verbundenen Werbung. Nur zwei der zehn Jugendlichen sehen in Werbung ein notwendiges Mittel zu Finanzierung der YoutuberInnen.

Die anderen Acht empfanden sie vor allem als störende Elemente. BW8 (M,19) sieht in Product-Platzierungen auch eine potenzielle Beeinflussung von jüngeren Nutzenden, die vorgestellten Produkte von ihrem Taschengeld zu kaufen. Product-Placement wird teilweise als legitim empfunden, wenn die AkteurInnen auch wirklich hinter den Produkten stehen würden. Dies wird ihnen jedoch in der Regel bereits im Vorfeld abgesprochen und die Produkte als Werbegeschenke deklariert. Hinsichtlich der Diskrepanz zwischen der dargestellten Lebenswelt der YoutuberInnen und der Realität wünscht sich BW4 (W,18) eine realistische Darstellung und die Behandlung von ernsten/kontroversen Themen. Sie präferiert Formate, bei denen die ZuschauerInnen mit hinter die Kulissen genommen werden und so ein „realistisches Bild" von dem Alltag der YoutuberInnen vermittelt bekommen sollen.

YoutuberInnen als Vorbildfunktion

Im Allgemeinen übernehmen die YoutuberInnen für die befragten Jugendlichen eine Vorbildfunktion, jedoch muss diese Annahme differenzierter betrachtet werden.

> *BW3 (W,16): Und ich denke, Vorbilder sollten diejenigen sein, die man wirklich im echten Leben sieht. Mit denen man was zu tun hat und nicht die, mit denen man irgendwie online (...)/. Die am anderen Ende der Welt wohnen.*

Für BW3 (W,16) und BW6 (W,12) übernehmen sie zwar eine Art des Vorbildes, jedoch sind diese nicht für ihre persönliche Orientierung von Belang. Sie bevorzugen Vorbilder aus dem persönlichen/sozialen Umfeld und nicht Personen, die praktisch überall auf der Welt leben können. Weiter wird die Vorbildfunktion von YoutuberInnen besonders für die Entwicklung von jüngeren Personen wiederholt von verschiedenen Interviewten betont. Diese seien, ihrer Meinung nach, besonders anfällig für negatives/problematisches Verhalten, würden potenzielle gefährliche Aktionen imitieren und sich leichter zu Kaufentscheidungen hinreißen lassen.

> *BW10 (W,19): Ja, wenn man sie nicht auf Youtube sehen würde, dann wüsste man das ja auch nicht und würde nicht versuchen, denen das nach zu machen.*

> *I: Meinst du, dass diese YoutuberInnen nur Jungs beeinflussen oder auch Mädchen?*

> *BW10 (W,19): Ich glaube Mädchen eher, wenn es um Schminke und Einkaufen geht. Aber die Jungs hauptsächlich, wenn es um Musik und Rappen geht.*

BW10 (W,19) benennt in ihrem Interview vor allem die potenziellen Gefahren für männliche Jugendliche, die ihrer Meinung nach den (männlichen) Idealen von Rappern nacheifern würden und somit schädlichen Einflüssen ausgesetzt sind. Auf Nachfrage erklärt sie, dass Mädchen sich wahrscheinlich durch das Genre Beauty/Lifestyle/Fashion beeinflussen lassen würden. Es lassen sich deutlich geschlechterbezogene stereotypische Zuschreibungen erkennen.

> *BW1 (M,14): Ich denke an Youtuber, die sich zum Beispiel beim Spielen aufnehmen oder so etwas in der Art. Für Mädchen denke ich dabei eher an Schmink-Tipps oder auch an Musikvideos.*

Ebenso wie bei BW1 (M,14) welcher Let's Play Formate männlichen Benutzenden und Schminktipps weiblichen Nutzenden zuordnet. BW2 (M,16) schreibt den YoutuberInnen eine feste Vorbildfunktion zu, welche sie nicht ablegen oder verleugnen können. In diesem Kontext weist er ihnen auch feste Aufgaben zu und stellt explizite Erwartungen an sie, welche sich ferner auf ihre große Reichweite und die damit verbundene Kommunikation an eine große Personengruppe bezieht. Er beschreibt einen Wertezerfall hinsichtlich der Höflichkeit und den Respekt der jüngeren gegenüber den älteren Mitbürgern.[105] Die YoutuberInnen nehmen für die Interviewten neben der Vorbildrolle auch die Rolle einer großen Schwester oder eines großen Bruders ein, welche sie bei Bedarf trösten und ihnen bei schwierigen Situationen helfen sollen.

Bekanntheit und Reichweite von YoutuberInnen

Die Zahl der Abonnierenden der YoutuberInnen rufen bei den befragten Jugendlichen verschiedene Assoziationen hervor. BW1 (M,14) beschreibt als einziger eine positive Auffassung von vielen Abonnierenden und schaut diese bewusst nach. BW2 (M,16) und BW3 (W,16) verbinden mit steigenden Zahlen von Abonnierenden negative Assoziationen, da sie mit diesen eine zunehmende Kommerzialisierung verbinden. Ähnliches gilt für BW9 (W,18), welche positive Assoziationen mit kleineren YoutuberInnen formuliert, da sie von diesen eine aktivere Kommunikation mit ihren „Fans" erwartet. Für BW8 (M,19), BW4 (W,18) und BW10 (W,19) stehen die persönlichen Präferenzen im Vordergrund, weshalb für diese die Zahl der Abonnierenden eine untergeordnete Rolle spielen.

BW4 (W,18): Meistens gucke ich da gar nicht so (besondere Betonung). Also ich weiß, was ich ungefähr gucken möchte, wenn ich Youtube aufmache.

BW4 (W,18) beschreibt dabei eine bewusste Abwendung vom Mainstream, welches ein charakteristisches Element der Adoleszenz ist. BW5 (W,13) und BW6 (W,12) geben in den Interviews an, dass die Anzahl von Abonnierenden für sie nicht besonders wichtig sind. Allerdings orientieren sich beide stark an den aktuellen Trends und reagieren auf Empfehlungen durch Freunde sowie KlassenkameradInnen. Es ist also anzunehmen, dass beide vornehmlich YoutuberInnen konsumieren, welche zu dem Mainstream dieser Zielgruppe gehören.

Alle Jugendlichen informieren sich oder haben sich mal über die näheren Lebensumstände und Biografien der YoutuberInnen informiert. BW8 (M,19) und BW3 (W,16) geben in den Befragungen an, dass sie dies zum aktuellen Zeitpunkt nicht mehr interessiert und sie den Personen auch nicht mehr folgen. BW2 (M,16), BW9 (W,18), BW4 (W,18) und BW10 (W,19) benutzen die anderen sozialen Netzwerke hauptsächlich, um den Upload von neuen Inhalten zu erfahren.

7.3.2 Hauptphase: Rollen-/Geschlechterbilder

Für den Themenschwerpunkt *Rollen-/Geschlechterbilder* wurden zwei Jungen (BW1 (M,14), BW2 (M,16)) sowie drei Mädchen (BW3 (W,16), BW4 (W,18), BW5 (W,13)), interviewt. Bis auf BW5 (W,13) hatten die Jugendlichen alle ein fundiertes Vorwissen zu der Thematik. BW5 (W,13) konnte nach einer Hilfestellung nur die Geschlechter – weiblich/männlich – mit der Thematik verbinden. BW2 (M,16) bezog die Thematik vor allem auf Sexismus und auf die aktuelle Gender-Debatte in Deutschland. Wobei er diese als unzureichend bewertet und dazu anführt, dass die Änderung der Nationalhymne nicht zu einer „besseren" Gleichberechtigung zwischen Frauen und Männern führen würde. BW3 (W,16) und BW4 (W,18) legten beide ihren Schwerpunkt auf die Rolle der Frau, BW4 (W,18) hinsichtlich der Selbstpräsentation in den sozialen Medien sowie BW3 (W,16) auf die eventuelle Unterdrückung und Unterordnung der Frau innerhalb der Familie.

Die kurze Videosequenz wurde, bis auf BW2 (M,16), als uninteressant, negativ und teilweise empörend aufgefasst. BW2 (M,16) bewertete das Video „neutral", indem er die verwendeten geschlechterbezogenen Stereotypen in einem negativen Zusammenhang stellte, jedoch das Video mit der Aussage „es sind halt die Apes (…)" relativierte und in einem ironischen/satirischen Kontext verordnete. Das vermittelte Rollenbild in der Sequenz – Frauen an den Herd, Männer als Ernährer – bewertet er als veraltet, jedoch sind Witze/Gags als Tabubruch akzeptabel.

> *BW2 (M,16): Also Jüngere verstehen vielleicht das Ironische dahinter nicht. Die denken, dass die das jetzt ernst meinen, aber wenn man jetzt älter ist. (...) Bei manchen früher bei manchen später /.*

(Überlegend) So mit 12 oder 13 verstehst du langsam, dass die das jetzt nicht ernst meinen, sondern dass es nur ein Gag ist. (...) Aber ich finde selbst Ältere nehmen das manchmal zu ernst und meinen dann, dass die sowas (besondere Betonung) nicht sagen können.

Seiner Meinung nach würde das Video auch von älteren Personen zu ernst genommen, weil das Ironische daran nicht erkannt werden würde. Für jüngere Personen sieht er ein potenzielles Risiko, da diese die Witze eventuell noch nicht verstehen würden. Allerdings beschreibt er, dass ab einem Alter von 12 oder 13 Jahren (automatisch) die Ironie erkannt[107] werden würde. Der Interviewte findet, dass diese Thematik rund um Gleichberechtigung von Mann und Frau thematisiert werden sollte und bezieht dies weiter auf persönliche Erfahrungen. Beispielsweise sei an seinem Wunschberuf Friseur seine letzte Beziehung gescheitert, da er in den Augen der Mutter der Freundin nicht als Verdiener der Familie fungieren könne.

BW1 (M,14) empfindet das Video als uninteressant und falsch, da die vermittelten Rollenbilder nicht mehr aktuell seien. Ferner könne jede Person machen, was sie persönlich wolle. Interessanterweise benutzt er zu Beginn des Interviews – wahrscheinlich unbewusst – selbst geschlechterstereotype Zu-weisungen, in dem er Mädchen/Frauen Schminkvideos zuordnet und Jungen/Männern Let's Play-Videos. Weitere Videos zu diesem Thema bewertet er als irrelevant, da jede Person verschieden sei und sich individuell eine Meinung bilden könne, ohne auf solche Videos zurückgreifen zu müssen.
BW3 (W,16) reagiert negativ und ungehalten auf die kurze Videosequenz und bringt deutlich die fehlende Übereinstimmung zu den Inhalten in diesem zum Ausdruck. Ebenso wie BW2 (M,16) setzt sie die Szene in einen persönlichen Kontext und verweist dabei auf ihre Mutter, die nicht kochen könne. Videos, welche diese geschlechterbezogenen Rollenbilder vermitteln würden, bewertet BW3 (W,16) vor allem für jüngere Personen als beeinflussend. Jedoch werden diese Weltbilder nicht nur durch die Videos transportiert, sondern können auch aus dem sozialen Umfeld der Kinder stammen.

BW4 (W,18): Also vor allem der Schluss hat mich jetzt doch erschreckt. Weil er sagt, eine Frau, die nicht kochen kann, ist keine Frau. Ich verstehe nicht, wie er so etwas sagen kann. Also kochen ist ja erst mal etwas Neutrales. Also das können ja auch Männer mögen oder machen. Also das fand ich jetzt nicht so angemessen (schnaubt).

BW4 (W,18) bewertet vor allem den Schluss des Videos als problematisch, da Kochen für sie etwas Neutrales sei und nicht einem spezifischen Geschlecht zugeordnet werden könne. Ebenso kritisiert sie das Herausstellen von Cengiz Dogrul sowie Jan Christoph Meyer, welche es nicht als ihre Aufgabe erachten, selbst zu kochen und diesen Bereich Frauen zuweisen. Weitere Videos in dieser Art empfindet sie als heikel, da das gezeigte Video auf Vorurteilen beruht und Geschlechter-/Rollenbilder pauschalisieren würde.

> *BW5 (W,13): Also ich finde die Aussage, dass wenn eine Frau nicht kochen kann, dann ist es keine Frau ziemlich unnötig. Denn es gibt ja auch Männer, die kochen können. Und es gibt auch Frauen, die gut kochen können und ich finde nicht, dass wenn jemand etwas gut kann (...) das es dann was mit dem Geschlecht zu tun haben muss.*

BW5 (W,13) bewertet die Sequenz ebenfalls negativ und beschreibt wie BW4 (W,18), dass die Fähigkeit, etwas gut zu können, nichts mit dem Geschlecht zu tun hat. Die Thematisierung von Rollenbildern empfindet sie als wichtig, jedoch glaubt BW5 (W,13) nicht, dass dies im Verhältnis zu anderen gesellschaftlichen Thematiken eine große Rolle spielt.

7.3.3 Hauptphase: Artikel 13

Für den Themenschwerpunkt *Artikel 13*[107] wurde ein Junge (BW8 (M,19)) sowie vier Mädchen (BW6 (W,12), BW7 (W,16), BW9 (W,18), BW10 (W,19)) interviewt. Das Vorwissen der Jugendlichen variierte zum Teil sehr stark. BW10 (W,19) konnte im Vergleich zu den anderen Befragten auf nur wenig Vorwissen zurückgreifen. Die Videosequenz von LeFloid riefen in der Regel neutrale beziehungsweise zurückhaltende Bewertungen durch die Heranwachsenden hervor und wurden in den nachfolgenden Interviews nur hinsichtlich bestimmter Aspekte besprochen.

BW6 (W,12) verbindet mit der Debatte um den Artikel 13 vor allem die Erwartung an geschütztere Interneträume mit einer größeren gesetzlichen Sicherheit. Sie beschreibt weiter, dass viele Leute zu der Debatte und den eventuellen Folgen/Auswirkungen etwas sagen würden. Interessant hierbei ist ihre sprachliche Formulierung „es wird viel rumerzählt“, welche den semantischen Wahrheitsgehalt der getätigten Äußerungen herabsetzt. Dies unterstreicht auch ihre späteren Aussagen, dass sie es bezweifle, dass die Inhalte von (großen) Internetanbietenden gelöscht werden, da diese damit Geld verdienen würden. Ferner unterscheidet sie bei den geschauten Videos zu der Thematik, zwischen Videos, in denen die YoutuberInnen ihre eigene Meinung vertreten und allgemein informierenden Videos.

BW6 (W,12): Also ich finde es ein bisschen übertrieben, dass man rausgehen soll oder bei sowas mitmachen muss. Ich finde es kommt, wie es kommt und man kann es auch nicht wirklich ändern.

Die Aufforderung, sich aktiv zu wehren und zu demonstrieren, bewertet BW6 (W,12) als übertrieben und bezweifelt den Erfolg, wobei eine gewisse Politikverdrossenheit zu erkennen ist. Die Bewertung der Debatte empfindet sie als schwierig, da sie persönlich zu wenig darüber wisse. Die starke Fokussierung LeFloids auf die Rolle Merkels innerhalb der Debatte bezweifelt sie. Dafür führt sie an, dass Merkel nicht allein an der Entscheidung beteiligt gewesen ist. Weitere Videos zu der Debatte bewertet sie als wichtig, um Informationen zu verbreiten und das Aufkommen von MitläuferInnen zu minimieren.

BW7 (W,16) setzt die Artikel 13-Debatte vor allem mit Demonstrationen und Missverständnissen in Verbindung. Selbst sei sie jedoch aus zeitlichen Gründen nicht zu einer Demonstration gegangen. Die Aussagen der Videosequenz bewertet sie teilweise als sarkastisch, welche sie vor allem auf die dargestellte Rolle Merkels und die verschiedenen Einblendungen sowie Plakate bezieht. Den Erfolg von Demonstrationen und dem geforderten aktiven Wehren bezweifelt sie stark und begründet dies unter anderem an dem vergangenen „Ignorieren" der Demonstrierenden durch die Politik. In diesem Kontext lassen sich mehrere Merkmale für eine Politikverdrossenheit seitens der Interviewten erkennen.

BW7 (W,16): (überlegend) Also es regen sich halt viele darüber auf, aber die Politiker beachten es eben nicht so und das ist (...)/.

So beschreibt sie beispielsweise die Passivität der Politiker, das Ignorieren von Demonstrationen und Unmut in der Bevölkerung. Merkel weist sie ebenfalls wie LeFloid, die Schuld für die Entstehung und der Verabschiedung des Artikels 13 zu. Weiteren Videos spricht sie vor allem durch die damit verbundenen Informationen eine große Bedeutung zu.

BW8 (M,19) verbindet ebenfalls wie BW6 (W,12) gute Aspekte/Regelungen mit der neuen EU-Urheberrechtsreform, welche er vornehmlich mit neuen Datenschutzregelungen in einen Kontext setzt. Er weist ebenso auf die umstrittene Debatte und auf die vergangene Abstimmung im EU-Parlament hin. Youtube-Videos zu diesem Thema hat er noch nicht konsumiert.

BW8 (M,19): Also ich finde das ist ziemlich propagandaartig (lacht), also wie Merkel dargestellt wird. Es ist ja auch prinzipiell nicht richtig (...)/. Also es stimmt ja auch überhaupt nicht, dass es ihre Entscheidung war. Es war ja auch auf EU-Ebene meine ich. Also das ist schon eine ziemliche Hetzjagd, ja auch teilweise schon gegen Merkel und das ist auch ziemlich gefährlich.

BW8 (M,19) reagiert am deutlichsten auf die Videosequenz und bezeichnet die dargebotenen Inhalte als propagandistisch. Hierbei kritisiert er vor allem die fehlerhafte Darstellung und die Rollenzuweisung Angela Merkels in diesem Zusammenhang. Ebenso weist er auf die große Reichweite LeFloids hin und bewertet in diesem Sinne die Benutzung des „Merkel-Filters“ sowie die Schuldzuweisung an sie als eine Hetzjagd. Der vorhandene Einfluss kann zu potenziellen Gefahren führen, vor allem wenn das Gesagte ohne weitere Überprüfungen von den Nutzenden gebraucht wird. Videos wie dieses findet er prinzipiell gut, da dies zur Meinungsfreiheit dazugehören würde, jedoch müsse man sich für den eigenen Meinungsprozess auf differenziertere Quellen stützen.

BW9 (W,18) impliziert mit dem Artikel 13 den Versuch einer Zensur, falsche Entscheidungen und Vorgehen der Politik sowie eine kontroverse/aktuelle Debatte, die vielerorts auch durch MitläuferInnen bestimmt wird. Sie bringt klar ihren Unmut gegenüber den politischen Entscheidungen zum Ausdruck und stellt klare Erwartungen an die Politiker und im späteren Interviewverlauf auch an LeFloid. Den Aufruf sowie das geforderte aktive Handeln bewertet sie als positiv. Seine starke Fokussierung auf Merkel begründet sie mit der persönlichen Abneigung des Youtubers gegen diese, welche sie anhand von früheren Videos belegt. Für ihren eigenen Meinungsprozess würde sie sich mehr Hintergrundinformationen wünschen, besonders um die komplexen politischen Entscheidungsprozesse, die den Alltag von jeder Person betreffen, einer breiten Masse zugänglich zu machen.

> *BW9 (W,18): Ich denke, dass es wichtig wäre, dass gerade er, weil er ja auch sehr viel Einfluss und Reichweite hat, auch mal ein Sondervideo macht. Wo er wirklich alles strukturiert erklärt, damit es jeder versteht. Weil dann haben wir diese Mitläufer nicht mehr (...)/. Also wenn ich LeFloid wäre, dann würde ich das als meine Aufgabe ansehen.*

Dies sieht sie auch als LeFloids Aufgabe an, besonders da er über eine große Reichweite und Einfluss verfügen würde. Neben Merkels Rolle thematisiert BW9 (W,18) auch die Rolle der LobbyistInnen sowie welche Aufgaben PolitikerInnen für die Gesellschaft erfüllen sollten. Weitere Videos und die realitätsnahe Debatte um die neue EU-Urheberrechtsreform sieht sie als potenzielle Chance an, junge Menschen für politische Prozesse zu interessieren und diese vielleicht auch langfristig zum aktiven Handeln zu inspirieren.

BW10 (W,19) hatte die Artikel 13 Debatte, im Vergleich zu den anderen Befragten, im Vorfeld nur wenig in den Nachrichten verfolgt und zeigt auch nur wenig Interesse an dieser. Die Aufforderung zum aktiven Handeln bewertet sie als positiv, jedoch bezweifelt sie ebenfalls den Erfolg solcher Aktionen.

> *BW10 (W,19): Wenn man sie sich anschaut, dann schon ja (lacht). Aber mich interessiert es nicht so, weil ich nicht denke, dass eine einzelne Stimme so viel bringt oder es entscheiden kann. Deswegen schaue ich es mir auch nicht an.*

Ihr fehlendes Interesse begründet sie unter anderem daran, dass eine einzelne oder die Stimme von wenigen nichts ausrichten würde. Dies spricht für eine deutliche Politikverdrossenheit. Die Darstellung der Debatte im Video bewertet sie als lächerlich. Inwiefern der starke Fokus auf Merkel gerechtfertigt sei, kann sie aufgrund von fehlendem Wissen nicht beurteilen. Weitere Videos zu der Thematik findet sie prinzipiell wichtig, jedoch nur für diejenigen, die sie auch schauen würden.

7.3.4 Abschlussphase

Kommunikationshemmnisse

Hinsichtlich der Frage, inwiefern die Jugendlichen mit ihren Eltern über die Plattform und die dort konsumierten Inhalte sprechen würden, kam es überwiegend zu negativen Antworten. Acht der zehn Befragten formulierten klare

Kommunikationshemmnisse, welche auf unterschiedliche Gründe zurückzuführen sind. Überwiegend wurden der fehlende oder inkompetente Umgang sowie die Überforderung mit der Plattform durch die Eltern angeführt, woraus eine fehlende inhaltliche Basis für (zukünftige) Kommunikationen resultiert.

BW4 (W,18): Ich glaube, die Eltern verstehen jetzt auch so den Slang oder sowas eher nicht, den die Youtuber teilweise benutzen.

Ebenso wurde fehlendes sprachliches Wissen über die verwendete Jugend- beziehungsweise YoutuberInnen-Sprache angeführt, was zu zusätzlichen Verständnisproblemen führen würde. BW2 (M,16) kritisiert weiter die fehlende Betrachtung sowie Bewertung der verschiedenen Videoquellen durch seine Eltern. Ferner begründet er die fehlende Kommunikation mit diesen durch widersprechende politische Meinungen und gehe dadurch neuen Konflikten – er spricht in seinem Interview von neuen Eskalationen – aus dem Weg.

BW9 (W,18): Aber Youtube ist für die keine echte Bildung, kein echtes Fernsehen (besondere Betonung). Tagesschau ist das was zählt. Das ist halt in den Köpfen der Eltern und Großeltern noch so drin.

BW9 (W,18) führt die fehlende Kommunikation ergänzend auf ein veraltetes Internetverständnis ihrer Eltern zurück, die vor allem die potenziellen Gefahren des Web 2.0 thematisieren und die Authentizität der vermittelten Inhalte bezweifeln würden. BW8 (M,19) beschreibt den Kommunikationswunsch seines Vaters und dessen Lebensgefährtin über ein spezifisches Musikvideo – Sex Tape von Katja Krasavice[108] – auf der Plattform, welches sie schockiert hatte. Dies beschreibt, dass auf beiden Seiten Kommunikationsbedarf existieren kann, was sich in diesem Fall auf explizite (sexuelle) Tabubrüche seitens der Youtuberin bezieht. BW1 (M,14) und BW6 (W,12) geben an, dass sie manchmal mit ihren Eltern reden würden, wobei es sich in der Regel um witzige oder unterhaltsame Inhalte handelt.

Kommunikationsmotive mit Freunden

Die Kommunikation mit Freunden beschränkt sich im Normalfall auf die Verlinkung von Videos sowie auf oberflächliche Themen und eventuelle Empfehlungen.

> *BW3 (W,16): Deswegen kann man nicht mit denen darüber reden, weil sie es einfach nicht verstehen. Freunde verstehen, dass es einfach normal für uns ist. Wenn Youtube nicht da wäre, dann würde was fehlen.*

BW3 (W,16) beschreibt, dass sie bei ihren Freunden Verständnis für die konsumierten Inhalte erwarten kann, da für diese die Plattform zur Normalität dazugehören würde. In BW5 (W,13) Interview lassen sich Indizien für Gruppendynamiken/-zwang finden, da sie vornehmlich Inhalte besprechen würden, die innerhalb der Klasse oder des Freundeskreises beliebt sind. Bei BW6 (W,12) lassen sich ferner Diskrepanzen bei der Verhaltensbewertung von YoutuberInnen und ihrem eigenen Verhalten feststellen. So bewertet sie das Auslachen anderer Personen durch YoutuberInnen als negativ, handelt jedoch mit ihren Freunden ebenso, wenn sie „aus Spaß" YoutuberInnen und ihre Videos/Inhalte auslachen.

Youtube im schulischen Kontext

Die Jugendlichen gaben an, dass sie in der Schule, wenn überhaupt, vornehmlich in naturwissenschaftlichen Fächern mit Youtube-Videos arbeiten würden. Dabei handelt es sich im Regelfall um Erklärvideos oder in Fall von Geschichte um Dokumentationen, welche zur besseren Visualisierung eingesetzt werden. Die Erklärvideos werden von den Interviewten als Möglichkeit aufgefasst, die zu lernenden Inhalte besser erklärt zu bekommen, da die Lehrenden dieser Aufgabe oder den Schülererwartungen nicht entsprechenden nachkommen. BW3 (W,16) empfindet Erklärvideos als eine andere Perspektive und Art des Lernens, welche nicht von oben herab – durch den Lehrenden – vermittelt werden. Die Rolle der Lehrenden bewertet sie im Verlauf des Interviews als überwiegend negativ, welche durch die Klassen nicht ernst oder nicht als Respektsperson wahrgenommen würden.[109]

> *BW6 (W,12): Eher Erklärvideos. Dass wir auch mal sehen, dass die Leute das genauso erklären, wie unsere Lehrer.*

BW6 (W,12) spricht in dem Kontext von Erklärvideos von einer Überprüfung/Abgleichung der Lehrerkompetenzen und Wissen, mit den „richtigen" Inhalten aus den Erklärvideos. Daraus kann die Annahme entwickelt werden, dass von den SuS angenommen wird, dass die hochgeladenen Inhalte auf der Plattform/in den Erklärvideos (immer) richtig seien. Inwiefern die Quellen dieser Videos überprüft oder ob fehlende Quellen zur Kenntnis genommen werden, müsste in einem nächsten Schritt überprüft werden. In diesem Zusammenhang müssen auch die Aussagen von BW2 (M,16) näher betrachtet werden, welcher beispielsweise aus eigener Initiative seinen Lehrenden Videos für den Unterricht und die weitere Bearbeitung empfiehlt, jedoch auch klare Erwartungen an diese stellt. So erwartet er, dass die Lehrenden die Quellen der verwendeten Videos hinsichtlich ihrer Aktualität und Richtigkeit überprüfen, bevor sie diese verwenden. Beispielhaft kann auch die beschriebene Chemiestunde von BW9 (W,18) angeführt werden. Diese sowohl den Wert von Erklärvideos beschreibt, jedoch auch auf die Tatsache hinweist, dass manche Videos – in dem Versuch, besonders jugendnah zu wirken – unpassende oder redundante Äußerungen und Witze einbauen würden. Diese seien in der beschriebenen Stunde für den Lehrenden unangenehm gewesen, was jedoch wahrscheinlich auf eine fehlende/unzureichende Vorbereitung seitens des Lehrenden zurückzuführen ist. BW4 (W,18) verwendet teilweise auch den Begriff des Lernvideos anstelle dem des Erklärvideos. Dies könnte auf eine neue Instrumentalisierung des Begriffes und der zugedachten Funktion schließen lassen.

Youtube-Videos im PoWi-Unterricht

Die Frage, ob die Plattform etwas mit der Politik und Gesellschaft zu tun hat, wurde sehr unterschiedlich beantwortet. BW2 (M,16), BW4 (W,18), BW7 (W,16), BW8 (M,19), BW10 (W,19) und BW9 (W,18) sprachen sich für ein klares Ja aus, da sie Youtube als relevanten Teil des gesellschaftlichen und politischen Lebens einordnen. Wobei sie auch auf die problematischen Inhalte, Phänomene und die mögliche Beeinflussung durch die Medien aufmerksam machten. BW6 (W,12), BW3 (W,16) und BW1 (M,14) positionierten sich unentschieden, da sie neben den Informationsmöglichkeiten vor allem auf den unterhaltenden Charakter der Plattform verwiesen. Allein BW5 (W,13) beantwortete die Frage mit einem Nein, begründete dies aber nicht näher. Eventuell lässt sich ihre Antwort darauf zurückführen, dass sie sich bisher nur wenig mit der Plattform beschäftigt hat, noch kein PoWi-Unterricht hatte sowie die Videos hauptsächlich zu ihrer persönlichen Unterhaltung nutzt.

Alle Jugendlichen gaben an, dass sich die Nutzung von Youtube-Videos in ihrem PoWi-Unterricht – BW5 (W,13) und BW6 (W,12) besuchen erst im nächsten Schuljahr einen PoWi-Unterricht – auf ein Minimum beschränkt. Wenn sie eingesetzt werden würden, handelt es sich um Dokumentationen oder ebenfalls um kurze Erklärvideos.

> *BW1 (M,14): Also das war schon vom ZDF, das war eine Dokumentation. Ich denke jetzt schon, dass das nicht von irgendwem war (...)/.*

Dokumentationen oder Reportagen bekommen von den Befragten eine hohe Authentizität zugesprochen, wenn sie von den öffentlichen Rundfunkmedien, wie dem ZDF, stammen.

Persönliche Bewertung und Einsatzmöglichkeiten von Youtube-Videos im PoWi-Unterricht

Die Frage, ob und wie die Heranwachsenden selbst Youtube-Videos im PoWi-Unterricht einsetzen würden, wurde sehr unterschiedlich beantwortet. Mehrheitlich sollten die Videos als visuelle Unterstützung oder als „bessere" Erklärungsversuche eingesetzt werden.

> *BW6 (W,12): Also ich würde sie schon einbauen, aber nicht über die ganze Stunde, das nicht. Sondern eher so kurze Videos und dann kann man ja mal Pause drücken und dazu was sagen. Damit man es besser verstehen kann. Aber es jetzt ganz laufen lassen und dann am Ende dazu nichts mehr sagen, finde ich manchmal auch ein bisschen doof.*

BW6 (W,12) wies ferner darauf hin, dass die Videos nicht die gesamte Stunde ausfüllen, sondern durch Reflexionspausen unterbrochen werden sollten. BW5 (W,13) sprach sich in diesem Zusammenhang für eine gegensätzliche Behandlung von Filmen aus. Sie verbindet mit Filmen vor allem Unterhaltung und eine „unterrichtsfreie" Stunde.

Der Einsatz der Videos sollte weiter auch für kritische Betrachtungen genutzt werden und dabei auf die Schattenseiten der Neuen Medien hinweisen.

So sollten Videos als Beispiele für Propaganda oder Fake News verwendet werden, um die SuS auf diese Gefahren hinzuweisen.

> *BW8 (M,19): Naja also ich finde es schon mal wichtig. Ich würde meine Schüler auf jedenfall mal darüber aufklären, wie das so funktioniert. Generell ist der Umgang mit dem Internet vielleicht noch mal ein gutes Thema (lacht), was man im PoWi-Unterricht ansprechen könnte.*

> *BW2 (M,16): Es wäre schon gut. Vor allem weil man dann auch drauf aufmerksam machen könnte, wie darüber Fake News oder so verbreitet werden. Man muss halt darauf achten, was man im Internet macht und was man sich da anschaut. Es wäre dann halt ein Fach, was sich auch mal mit dem Internet auseinandersetzen würde.*

BW2 (M,16) und BW8 (M,19) formulierten ergänzend den Wunsch einer generellen Thematisierung des Umganges mit dem Internet und den dort angebotenen Inhalten. BW2 (M,16) sprach sich für die Einführung eines Medienfaches aus, welches den SuS Orientierung hinsichtlich guter und schlechter Inhalte bieten sowie zu aktiven Reflexionsprozessen anhalten sollte. Dieser Wunsch entspricht dem Aufgabengebiet der Medienkompetenz, welche die Jugendlichen eigentlich fächerübergreifend im Laufe ihrer schulischen Bildung vermittelt bekommen sollten.

Persönliche Bewertung der Plattform

Die persönlichen Bewertungen der Plattform durch die Interviewten lassen sich alle in einem positiven Bereich ansiedeln, dennoch lassen sich auch semantische Unterschiede erkennen. So bewertete BW1 (M,14) sie als „ganz gut", BW6 (W,12) als „eigentlich gut", BW7 (W,16) als „relativ gut", BW8 (M,19) als „persönlich gut", BW5 (W,13) als „schon gut" und BW10 (W,19) als „gut". Ferner weisen sie Youtube alle einen praktischen Wert zu und benutzen die Plattform spezifisch für unterschiedliche Aufgaben.

> *BW8 (M,19): (überlegend) Persönlich finde ich sie eigentlich eine sehr gute Sache. Ich meine, man kann ziemlich schnell viele Leute erreichen (...) man kann sich auch schnell informieren, aber das sind halt auch genau auch die Gefahren davon. Es hat die positiven Seiten und genauso auch die negativen Seiten und das ist die Gefahr daran.*

BW8 (M,19), BW7 (W,16) und BW4 (W,18), welche die Plattform als wichtig erachten, weisen explizit auf die positiven Seiten hin, welche jedoch ebenso zu den negativen Seiten gehören können. BW4 (W,18) beschreibt ergänzend, dass die konsumierten Inhalte kritisch zu hinterfragen und in einer gewissen Distanz zu betrachten seien. Die Distanzierung bezieht sie beispielsweise auf die inszenierte Scheinwelt der YoutuberInnen, welche man nicht mit seinem eigenen Leben vergleichen sollte. BW3 (W,16) bewertet die Plattform ebenfalls als wichtig und begründet dies anhand der Meinungsfreiheit sowie der großen gesellschaftlichen Bedeutung. Für BW9 (W,18) und BW2 (M,16) stellt Youtube eine große persönliche Bedeutung dar, welche sich auf die lang anhaltende Nutzung sowie die damit geschaffenen Rückzugsräume zurückführen lässt. Als besonders positiv beschreibt BW9 (W,18) die (vermeintlich) kostenlose Nutzung der Seite, welche sie nur durch ihre Aufmerksamkeit bezahlen muss.

7.3.5 Auswertung der Interviews

Aus den Interviews der befragten Jugendlichen können keine repräsentativen Ergebnisse/Erkenntnisse gezogen werden. Dies hängt mit verschiedenen Faktoren zusammen, wie beispielsweise der Geschlechterzusammensetzung, dem Bildungsgrad oder dem sozialen Milieu. Aus den problemzentrierten Interviews – einem qualitativen Forschungsvorgehen – lassen sich keine Rückschlüsse auf Generalisierungen ziehen. Dennoch können die gewonnenen weichen Daten hinsichtlich der zugrunde liegenden Forschungsfrage *„Beeinflussen YoutuberInnen mit ihren Videos (Vlogs, Blogs, Musik, Comedy usw.) die politische und/oder gesellschaftliche Einstellung von Jugendlichen?“* als aufschlussreich gewertet werden.

Die Online-Plattform nimmt bei den Befragten, bis auf BW5 (W,13), einen hohen Stellenwert ein, was auch die Ergebnisse verschiedener Monitoring-Studien belegen. Über den täglichen Gebrauch setzen sich die Jugendlichen über einen kontinuierlichen Zeitraum den potenziellen Einfluss von Youtube-Stars – wie LeFloid, ApeCrime oder Melina Sophie – auf ihre persönliche Meinung und Verhalten aus. Akteure wie der Youtube-Star LeFloid, welcher aktiv Handlungsappelle an seine ZuschauerInnen richtet sowie als eine Vorbildfunktion wahrgenommen wird, kann einen enormen Einfluss auf die Meinungsbildung von Jugendlichen ausüben. Nicht umsonst werden bekannte YoutuberInnen als Werbegesichter für diverse Kampagnen genutzt, welche vor allem an ein jüngeres Publikum adressiert sind.

Ferner muss festgehalten werden, dass die befragten Jugendlichen mit „guten" YoutuberInnen vor allem die Eigenschaft der Authentizität verbinden, wodurch auch ihre Beiträge/Videos einen hohen Authentizitätsgrad zugesprochen bekommen. Dieses Vertrauen kann auch für manipulative Zwecke missbraucht werden, wie beispielsweise für bezahltes Product-Placement. Neben ökonomischen Gründen können jedoch auch politische Motive verfolgt werden. So kann die Darstellung Angela Merkels in LeFloids Video und die Formulierung des „Merkel-Filters" als hochproblematisch sowie populistisch bewertet werden. LeFloid – welcher in der Vergangenheit auch Kooperationsprojekte mit der Bpb durchgeführt hat – konnten wiederholt die Verwendung von hybriden Fakes (Kap. 5.3.1; Kap. 7.2.3) nachgewiesen werden. Seine direkten Handlungsempfehlungen sind im Sinne des Beutelsbacher Konsens als problematisch sowie beeinflussend zu verstehen.

Videos wie das von ApeCrime und Melina Sophie polarisieren aufgrund der geschlechterspezifischen Tabubrüche extrem und illustrieren, wie viele andere Youtube-Videos, die Verbreitung von geschlechterspezifischen Stereotypen in Medienformaten. Die Darstellungen von Geschlechterbildern in Medien können sich auf den Identitätsentwicklungsprozess von Jugendlichen sowie deren Selbstwahrnehmung auswirken. Die befragten Jugendlichen gaben zwar mehrheitlich an, dass sie solche Videos und Genres nicht konsumieren würden, jedoch verlaufen die Prozesse teilweise auch unbewusst ab. Darauf deuten im Interview verschiedene Indizien hin, wie beispielsweise die häufige Nennung von Bianca Claßen als negatives Sinnbild des Genres Beauty. So führt BW10 (W,19) in ihrem Interview beispielsweise an, dass Jungs durch das Verhalten von Rappern beeinflusst werden würden und Mädchen hinsichtlich des Genres Beauty/Fashion/Lifestyle. Oder die Aussagen von BW1 (M,14), welcher die „klassische" Rollenverteilung von Mann und Frau als altmodisch deklariert, jedoch selbst unbewusst geschlechterstereotype Zuweisungen von Genres vornimmt. Es kommt zwar zu einer Antizipation der Norm, jedoch kann sie nicht transferiert werden.

Die ausgewählten Videosequenzen stellen keine Einzelbeispiele dar und ihre Botschaften sind eindeutig zu entschlüsseln. In diesem Kontext ist es fraglich, ob die Jugendlichen Videoinhalte, welche weniger offensichtlich auf die Meinungsbildung einwirken, genauso reflektiert – wie in den meisten Interviews geschehen – wahrnehmen und bewerten können. In diesem Zusammenhang sind die wiederholten Hinweise auf jüngere Personen sowie deren mögliche Beeinflussung als aufschlussreich zu bewerten. Die Verweise können als mögliche Indizien für frühere/vergangene Schwierigkeiten oder Ängste des eigenen Medienumganges verstanden werden. Unbestreitbar wird dadurch das Gefühl beziehungsweise der Eindruck transportiert, dass potenzielle Beeinflussungen sowie gefährdende Inhalte auf der Plattform existieren und diese durch die Jugendlichen wahrgenommen werden.

In diesem Kontext muss auch die passive Nutzung der Befragten betrachtet werden, insbesondere die Aussagen von BW4 (W,18) und BW7 (W,16) sind in diesem als problematisch zu bewerten. Die Angst vor negativen Reaktionen – in Form von Hate Speech oder Cyber-Mobbing – auf eigene Inhalte hemmt die Kreativität der Jugendlichen sich selbst auszuprobieren. Dies ist vor allem im Rahmen der Identitätssuche und den ungeeigneten digitalen „Entwicklungsräumen“ – das Internet vergisst nichts – schwierig. Dies kann zu einer stärkeren Orientierung an InfluencerInnen/YoutuberInnen und dem dort dargestellten Verhalten sowie Weltbildern führen. Vor allem die beschriebenen Kommunikationsschwierigkeiten mit den Eltern und dem Gefühl, mit diesen nicht reden zu können oder nicht verstanden zu werden, kann zu einer zunehmenden Isolierung führen.

Die praktische und instrumentalisierte Nutzung des Angebotes auf Youtube für die eigenen Interessen – Erklärvideos als Lernhilfen im schulischen Kontext – sprechen für einen funktionalen Medienumgang der SuS. Eine hohe quantitative Nutzung von Medien ist jedoch nicht mit einer qualitativen Mediennutzung gleichzusetzen. Der niedrige beziehungsweise fehlende Einsatz von Youtube-Videos im schulischen Kontext stellt ein enormes Potenzial dar, um einen lebensweltorientierten Bezug für die SuS herzustellen sowie auf die positiven wie negativen Effekte von Online-Plattformen wie Youtube eingehen zu können.

Die vorliegenden Interviews haben sich der Problematik nur oberflächlich genähert, für fundierte und empirisch abgesicherte Daten müssten detaillierte Interviews mit einer größeren heterogenen Interviewgruppe geführt werden. Wobei eine Beobachtung sowie Protokollierung des Medienumganges der einzelnen Befragten sinnvoll erscheint, um die diversen Wirkungsgefüge differenziert betrachten sowie feststellen zu können. Durch den häufigen und langjährigen Gebrauch der Plattform ist eine (unbewusste) Beeinflussung durch die YoutuberInnen zu vermuten, wie ausgeprägt diese jedoch ist, kann auf Basis der erhobenen Daten so nicht festgestellt werden. Der effektivste Schutz gegen Beeinflussung sowie einem leichtfertigen Medienumgang stellt eine ‚gute' Bildung und die Vermittlung von Medienkompetenz, zur Enttarnung von Fake News oder Echokammern, dar.

8. Handlungsempfehlungen für die schulische politische Bildung

Die Etablierung diverser Medienangebote wie beispielsweise Youtube stellen enorme Herausforderungen, aber auch Potenziale für die schulische politische Bildung dar. Um diesen gerecht werden zu können, müssen Veränderungen im gesellschaftlichen, bildungspolitischen sowie schulischen Kontext vorgenommen werden. Es handelt sich dabei um langwierige Veränderungsprozesse, eine kurzfristige Herangehensweise kann dabei nicht erfolgsversprechend sein.

Folgend werden Handlungsempfehlungen hinsichtlich der universitären Lehrerausbildung sowie die notwendige Einführung einer Medienpädagogik als schulisches Pflichtfach thematisiert. Ergänzend wird auf die Einsatzmöglichkeiten von Youtube-Videos im Fach Politik und Wirtschaft eingegangen.

8.1 Lehrerausbildung

Ebenso wie in der politischen Bildung nimmt auch in der universitären Lehrerausbildung die Bedeutung der Medienkompetenzförderung von Lehrenden zu. Sowohl für die einzelnen Länder als auch bundesweit werden diverse Projekte und Workshops zu dieser Thematik angeboten, jedoch meistens nur auf freiwilliger Basis.

„Es kann nicht früh genug darauf hingewiesen werden, dass man die Kinder nur dann vernünftig erziehen kann, wenn man zuvor die Lehrer vernünftig erzieht."
(Erich Kästner o.J.)

Um jedoch die Ziele der Medienkompetenz zu vermitteln sowie auf die Effekte des Web 2.0 fachlich und kompetent reagieren zu können, müssen in der Lehrerausbildung obligatorische Module der digitalen Bildung verankert werden. Trotz der Forderungen durch Hochschulnetzwerke für verbindliche Pflichtveranstaltungen sind bis zum heutigen Zeitpunkt in keinem Bundesland solche Pflichtmodule in der Lehrerausbildung etabliert. Sie verbleiben als optionale Bestandteile der Lehrerausbildung (vgl. Kammler 2009, 13). Dies führt dazu, dass Lehramtsstudierende keine oder eine unzureichende medienpädagogische Ausbildung in ihrem Studium erfahren und im schulischen Kontext nicht als kompetente Fachkräfte sowie Orientierungsmöglichkeit für ihre SuS auftreten können. Dieser „Teufelskreis“ muss durch umfassende Maßnahmen und einer Veränderung der Studieninhalte durchbrochen werden (vgl. ebd., 14). Denn nur Lehrende, welche selbstsicher und reflektiert mit Medien umgehen, können dies auch an ihre SuS vermitteln (vgl. Diethelm 2015, 41).

Ergänzend müssen die Fortbildungs- sowie Weiterbildungsmaßnahmen für Lehrende ausgebaut und ebenfalls als verpflichtende Bestandteile des Berufslebens wahrgenommen werden (vgl. Himmelrath, Egbers 2018, 135). Die Lehrenden dürfen nicht das Gefühl vermittelt bekommen, dass sie „alleine“ mit der Digitalisierung der Schule gelassen, sondern es müssen Orientierungsmöglichkeiten, Handlungsempfehlungen sowie didaktische Konzepte erarbeitet und zur Verfügung gestellt werden. Im Sinne eines ganzheitlichen Schulentwicklungsprozesses muss auch die kollegiale und kooperative Zusammenarbeit gefördert und gestärkt werden. Es handelt sich hierbei um einen langwierigen Prozess, an dem viele verschiedene AkteurInnen beteiligt sind und der beständig an die dynamischen Entwicklungen des Web 2.0 angepasst werden muss (vgl. ebd., 144).

Prinzipiell bietet das Web 2.0 zahlreiche Möglichkeiten an, um sich über die Neuen Medien, Fortbildungsmöglichkeiten oder (neue) Unterrichtsmaterialien zu informieren. Problematisch ist jedoch die Intransparenz der verschiedenen Angebote aufgrund ihrer „Menge“, wobei vor allem die fehlende zentralisierte Bereitstellung von Informationsmaterialien ein Problem darstellt. Neben den geläufigen Angeboten der verschiedenen Bundeszentralen oder klicksafe.de, gibt es viele weitere gute Seiten und Materialien, welche jedoch nur durch genaues und zeitaufwendiges Suchen aufzufinden sind.

Fachtagungen wie die re:publica oder bewegtbildung.net bieten gute fachliche Inhalte an, erreichen aber keine großen Zielgruppen. Dies könnte durch interprofessionelles Arbeiten mit Spezialistinnen und niedrigschwelligen Zugangsmöglichkeiten zu Seminaren oder Tagungen erreicht werden. Himmelrath und Egbers (2018) bieten in ihrer Publikation Lehrkräften verschiedene Tipps zur autonomen Weiterbildung ihrer Medienkompetenz an. So verweisen sie beispielsweise auf Monitoring Studien (JIM- oder KIM-Studie), Bildungschats mit anderen Pädagogen, Online-Fortbildungen oder Angebote der Open Educational Resources[110] hin (vgl. ebd.162).

Dennoch dürfen Begriffe wie Digitalisierung, Fake News oder Hate Speech nicht problematisiert oder als alleinige Aufgabe der Schule verstanden werden, sondern als ein gesellschaftliches Problem, welches nur gemeinsam angegangen und gelöst werden kann.

8.2 Medienpädagogik als eigenständiges Schulfach

Die neuen technischen Möglichkeiten des Web 2.0 erfordern eine spezifische partizipative Mediendidaktik beziehungsweise -pädagogik. Wobei die Beziehungen und Interaktionen der einzelnen Individuen als wesentliches Strukturelement betrachtet werden müssen. Der Einsatz von (neuen) Bildungsmedien eröffnet den Lernenden und den Lehrenden neuartige Lehr- und Lernsituationen, welche sich gewinnbringend auswirken können, aber nicht müssen. Durch die Anerkennung sowie die Forcierung einer partizipativen Mediendidaktik und entsprechender Angebote kann der gesellschaftliche Grundstein für ein aktuelles und lebensweltbezogenes Lernen für junge Erwachsene gelegt werden (vgl. Mayrberger 2014, 261).

> *„Es geht mir um eine redaktionelle Gesellschaft. Wir brauchen das Fach Medienkunde. Hinzu käme eine angewandte Irrtumswissenschaft, das Lernen, wie Propaganda funktioniert, Macht im Netz entsteht."*
> *(Pörksen 2018)*

Die Einführung eines reinen medienpädagogischen Schulfaches wird bereits seit mehreren Jahren von verschiedenen ExpertInnen gefordert. Die Vermittlung von Medienkompetenzen wird als zentrale Schlüsselqualifikation während des gesamten Lernprozesses verstanden und sollte im Sinne eines eigenständigen Schulfaches entsprechend gewürdigt werden. Ein solches Fach würde es ermöglichen, explizit auf Internetphänomene – welche politischer, ökonomischer oder sozialer Natur sein können – einzugehen und in einem geeigneten Rahmen zu thematisieren sowie aufzuarbeiten. Die zunehmende Zentralisierung des Internets auf wenige Anbietende, der Umgang mit personenbezogenen Daten sowie Effekte wie Filterblasen/Echokammern oder Social Bots stellen nur einige Problematiken der Mediatisierung dar. Für SuS sind vor allem soziale Phänomene wie Cyber-Mobbing, Hate Speech oder Cyber-Grooming von besonderer Bedeutung. Das Fach Medienpädagogik könnte den Lernenden einen Raum eröffnen, in dem sie für die Wirkungsmechanismen der Medienangebote sensibilisiert werden und sie weiter in ein reflexives Verhältnis zu diesen versetzt.

Die Generation der *Digital Natives* wächst in dem Bewusstsein auf, zu jedem Zeitpunkt und an jedem Ort diverse Unterhaltungs- sowie Informationsmedien konsumieren zu können und dies überwiegend kostenlos. Dieser Umstand wird im Regelfall nicht hinterfragt, sondern unreflektiert sowie unkritisch hingenommen und nicht hinsichtlich der zugrunde liegenden Motive untersucht (vgl. Himmelrath, Egbers 2018, 123ff.). Dies stellt einen beispielhaften Ansatzpunkt dar, welcher im Rahmen der Medienpädagogik thematisiert werden könnte.

Die Etablierung des Schulfaches Medienpädagogik sollte für einen ganzheitlichen Ansatz durch Elemente der Medienethik bereichert werden. Die Medienethik bezeichnet einen moralphilosophischen Teil der Medienphilosophie und ist dem Gebiet der angewandten Ethik zuzurechnen, da sich diese mit aktuellen gesellschaftlichen Problematiken beschäftigt. Die Bezeichnung „Ethik der Massenmedien“ wird synonym zur Medienethik verwendet und bezieht sich auf mediale Angebote, welche öffentliche Kommunikation produzieren und eine große Reichweite und Verbreitung erzielen wollen (vgl. Bohlken 2018, 273f.).

> *„Medienethik ist die moralphilosophische Kritik des ‚Prozess(es) der Erstellung (Produktion), der Bereitstellung (Distribution) und der Nutzung (Rezeption) medienvermittelter Mitteilungen', und zwar insbesondere ‚dass Massenmedien (Pressen, Film, Hörfunk, Fernsehen) sowie neuerer medialer Angebots- und Austauschsformen (Internet)'."*
> *(Funiok 2011, 11)*

Ein aktueller Diskurs ist die Frage, inwiefern Infotainment[111] als politische Informationsquelle zulässig ist, da dieses Medienformat diverse Unterhaltungselemente beinhaltet. Neben der Befürchtung von unseriöser Berichterstattung durch PR-Materialien, wird auch die mögliche Beeinflussung von finanziell gebundenen Journalisten diskutiert (vgl. ebd., 274). Ebenso wie die Medienpädagogik muss auch die Medienethik auf veränderte Bedingungen durch die Etablierung von Neuen Medien reagieren (vgl. ebd., 275). Neben dem traditionellen Medienverhalten muss nun auch die Kommunikation mit informationstechnischen Systemen – wie Social Bots – in den Blick genommen und die neuen Herausforderungen des nicht-personalen Medienhandelns untersucht werden. Ebenso wie neue Kommunikationsformen und damit verbundene Problematiken müssen auch die Gesetze des Jugendschutzes an die neuen Gegebenheiten angepasst werden. Kinder und Jugendlichen müssen Kompetenzen vermittelt werden, mit denen sie zum Beispiel gewalttätige Inhalte verstehen, entschlüsseln und bewerten sowie dabei gezielt zwischen Realität und Fiktion unterscheiden können. Gleiches gilt für sexuelle/sexistische Inhalte, welche geschlechterspezifische Prägungen und die Bildung von Stereotypen bedingen können. So kann die ikonische Darstellung von bestimmten weiblichen Schönheitsidealen auch in Zeichentrickfiguren entdeckt werden und zu einer Segmentierung von „fehlerhaften" Vorbildern führen (vgl. ebd., 280; Götz 2016, 260). Durch den massiven Wettbewerb der diversen medialen Angebote und den daraus resultierenden zielgruppenspezifischen Inhalten und Strategien müssen SuS auch die Kompetenzen vermittelt bekommen, die Qualität und Authentizität von Anbietenden klassifizieren zu können (vgl. Pech 2003, 51). Dies nimmt besonders hinsichtlich der aufweichenden Gatekeeper-Funktion von traditionellen Medienprodukten weiter an Bedeutung zu.

Wie die Medienkompetenz hat auch die Medienethik die Aufgabe, die stetigen Entwicklungen des Mediensystems zu beobachten und innerhalb des gesellschaftlichen Diskurses auf bedenkliche Dynamiken hinzuweisen (vgl. Funiok 2011, 15). Internetbasierte Phänomene wie Filterblasen können zu einer Immunisierung gegen (Medien-)Kritik oder zum Ausblenden von Informationen, welche nicht in das konstruierte Weltbild hineinpassen, führen. Dieser Aspekt oder auch „die Fragmentierung der Öffentlichkeit in eine Vielzahl von Teilöffentlichkeiten, zu einer neuen ‚Superpluralität'" (Heesen 2016, 6; vgl. Bohlken 2018, 281), stellt die Gesellschaft und die Institution Schule vor neue Herausforderungen, welche zeitnah angegangen werden müssen. Die Entstehung von Superpluralität, wobei die einzelnen Gruppen nahezu nichts über die anderen Teilbereiche wissen, kann zu einer Destabilisierung des gesellschaftlichen Systems führen. Da es zu einem (individuellen) Ausklingen der AkteurInnen aus dem politischen Diskurs und der öffentlichen Debatte kommen kann (vgl. Bohlken 2018, 281f.). Hinzukommend kann angemerkt werden, dass die moralphilosophische Perspektive der Medienethik eine Ergänzung für die politische Sichtweise der Medienkompetenz/-pädagogik darstellt, was dem Sinn der angestrebten Pluralität entspricht.

Die Einführung eines medienpädagogischen Schulfaches darf jedoch nicht dazu führen, dass die fächerübergreifende Medienkompetenzförderung vernachlässigt wird. Als Vorreiter kann in diesem Zusammenhang die Schweiz angesehen werden, welche 2014 ihren „Lehrplan 21" und die dazugehörende curriculare Verankerung der „Digitalen Bildung" als eigenständigen Lernbereich einführte (vgl. Himmelrath, Egbers 2018, 133). Die Kompetenzförderung erfolgt neben dem Lernbereich „Digitale Bildung" kontinuierlich auch fächerübergreifend. Dabei wird die technologische, gesellschaftlich-kulturelle sowie die anwendungsbezogene Perspektive differenziert betrachtet. Durch die Sensibilisierung der Wirkungsgefüge sollen die SuS zu einem lebenslangen Lernen animiert sowie zu mündigen und reflexiven BürgerInnen erzogen werden (vgl. ebd., 134).

8.3 Möglichkeiten der Einbindung von Youtube-Videos in den schulischen Kontext politischer Bildung

Die Online-Plattform Youtube und die dort hochgeladenen Inhalte erfüllen – wie auch andere Angebote des Web 2.0 – verschiedene Bedürfnisse und

Funktionen für die Nutzenden und können auch für den schulischen Kontext politischer Bildung einen großen Mehrwert generieren. Youtube-Videos können beispielsweise als Lernhilfe, Nachbereitung sowie Sicherung von gelernten Inhalten, zur visuellen Unterstützung von komplexen und/oder problematischen Inhalten oder als (Negativ-)Beispiele genutzt werden. Grundlegende Voraussetzung ist jedoch, dass sich die Lehrenden mit den Medienangeboten auskennen und wissen, welche Angebote und Möglichkeiten existieren. Neben einer entsprechenden Lehrerausbildung und -schulung ist auch die Motivation des Lehrenden neue Sachen und Ansatzpunkte auszuprobieren, von enormem Interesse. Der Medienkompetenzerwerb von Lehrenden ist von besonderer Bedeutung, da sie als Schnittstelle zwischen den Medien und Lernenden agieren. Durch den starken Lebensweltbezug für die SuS – Youtube gehört zu den beliebtesten Online-Angeboten der 12- bis 19-Jährigen – können durch die Einbindung und Thematisierung der Plattform und den dortigen Inhalten neue Lernerlebnisse geschaffen werden (vgl. mpfs 2018, 49).

Nachfolgend werden diverse Möglichkeiten für die Nutzung von Youtube im schulischen Kontext, besonders hinsichtlich des Unterrichtsfaches Politik und Wirtschaft, aufgezeigt. Die meisten angesprochenen Thematiken oder Nutzungsmöglichkeiten können fächerübergreifend in den Unterricht eingebaut werden.

Basisvoraussetzungen

Als Basis für den Umgang mit Youtube im Unterricht sollten sich die Lehrenden mit der Funktionsweise der Plattform sowie mit den diversen Phänomenen von sozialen Medien auseinandergesetzt haben. Dafür können verschiedene Monitoring-Studien – wie die JIM-Studie oder ACT ON[112] – oder Fachbücher[113], welchen diesen thematischen Kontext erläutern, herangezogen werden. Aktuelle Netzthematiken können beispielsweise durch Videos von re:publica in Erfahrung gebracht werden, welche sich stellenweise auch für den späteren Einsatz im Unterricht eignen.

Den Lernenden könnten anhand von kurzen Textauszügen, Video-Sequenzen oder durch gezielte Recherche-Aufträge auf die Funktionsweise von Youtube und den damit verbundenen problematischen Aspekten des Unternehmens hingewiesen werden. Eine mögliche Umsetzung wäre dabei die Erstellung eines Quiz beziehungsweise Fragebogens, welche die SuS anhand der Plattform und des Internets beantworten könnten. Alternativ könnte der Lehrende eine Lerntheke[114] mit verschiedenen Texten und Internethinweisen erstellen, welche durch die SuS individuell und im eigenen Tempo bearbeitet werden könnten. Ergänzend könnten die Arbeitsblätter gestufte Lernhilfen offerieren, welche die unterschiedlichen Lernniveaus der einzelnen SuS berücksichtigen würden.

Handlungs- und produktionsorientiertes Vorgehen

Ein aktives und schülerzentriertes Vorgehen, im Sinne eines handlungs- und produktionsorientierten Unterrichtes[115], könnte durch die Erstellung von eigenen Youtube-Inhalten erzielt werden. Denkbar wären dabei Produkte wie Erklär-Videos im nachempfundenen Stil von Explainity[116]. Um die Persönlichkeitsrechte der SuS nicht zu verletzen, sollten in den Videos keine Körperteile zu sehen sein und zusätzlich mit einer speziellen Video-Schnitttechnik, wie Stopp-Bildern, gearbeitet werden. Auf eine sprechende Person könnte durch die Einblendung von kurzen Textfragmenten verzichtet werden.

Ein weiteres aktives Vorgehen von SuS könnte durch Rechercheaufträge realisiert werden, wie es schon bei der Erarbeitung der Themengrundlage angeführt wurde. Die Lernenden könnten sich zum Beispiel näher mit ihren Lieblings-YoutuberInnen und deren Motive für die Betreibung eines Youtube-Channels auseinandersetzen. Neben den biografischen Daten und der fortlaufenden Kommerzialisierung Youtubes könnten so auch die Verbindung zu Multi-Channel-Netzwerken erarbeitet werden. Die Thematisierung der großen Netzwerke/Agenturen und deren Arbeitsweise kann im Kontext von Massenmedien und Medien als vierte Gewalt im Unterricht eingebunden werden. Durch die Problematisierung des kommerziellen Charakters der Plattform und der einzelnen Youtube-Channels kann auf aktuelle Gerichtsurteile/-prozesse[117] Bezug genommen sowie diese als Pro-Contra-Debatten verwendet werden. Eine strikte Fokussierung auf die Plattform Youtube ist hierbei nicht möglich, da sich die YoutuberInnen auch auf anderen sozialen Netzwerken vermarkten und präsentieren, weshalb es zu thematischen Überschneidungen kommen kann.

Audiovisuelle Unterrichtsbegleitung
Ein zusätzlicher Anwendungsbereich von Youtube-Videos stellt eine unterrichtsbegleitende audiovisuelle Unterstützung, durch Inhalte zu verschiedenen Themenschwerpunkten, dar. Diese audiovisuelle Begleitung kann unterschiedlich gestaltet werden. Eine Möglichkeit wäre das explizite Verweisen auf bestimmte Videos oder YoutuberInnen, welche die im Unterricht besprochenen Thematiken nochmals zusammenfassen und somit als eine zusätzliche Sicherungsinstanz fungieren würden. Denkbar wäre auch die Verwendung von kurzen Videosequenzen, um eine neue Unterrichtseinheit oder -abschnitt zu beginnen. Die Videos sollten dabei nicht über die gesamte Dauer des Unterrichtes gezeigt werden, da audiovisuelle Inhalte für die SuS eingeleitet und abschließend reflektiert werden sollten. Bei dem Einsatz von längeren Videosequenzen sollten die SuS außerdem einen Beobachtungsauftrag oder -fragen durch den Lehrenden erteilt bekommen, um ihnen eine Orientierung und Fokussierung auf die „relevanten" Themen zu erleichtern.

Neben den gemeinsamen Bearbeitungen im Plenum können die Lehrenden auch spezielle Videos für das eigenständige Arbeiten zu Hause empfehlen. Die Befragten der Schülerinterviews wiesen alle darauf hin, dass sie häufig Youtube-Videos nutzen, um Thematiken, welche sie nicht verstanden oder noch mal wiederholen möchten, eigenständig zu bearbeiten und diese Hilfestellungen als wertvoll erachten. Um mögliche Gefahrenpotenziale – unprofessionelle, unwissenschaftliche oder fehlerhafte Inhalte – bereits im Vorfeld zu eliminieren, können die Lehrenden neben einer umfassenden Vorbereitung auch inhaltliche Fragen zu den Videos formulieren. Es ist auch immer zu beachten, um welche Art von Video – Dokumentationen, Erklärvideos oder persönliche Vlogs – es sich handelt, da sie unterschiedliche Einführungen, didaktische Methoden und Reflexionsprozesse bedürfen.

9. Fazit

In der vorliegenden Arbeit sollte erläutert werden, inwiefern die Plattform Youtube, deren AkteurInnen und Inhalte einen Einfluss auf die politische sowie gesellschaftliche Meinungsbildung von Heranwachsenden ausüben können. Dieser Aspekt, beziehungsweise die damit einhergehende Fragestellung, ist im Zuge der fortschreitenden Mediatisierung der Lebensumstände und dem hohen Stellenwert der Plattform für junge Erwachsene von gesteigerter

Bedeutung. Ebenso steht es innerhalb des pädagogischen Diskurses zur Debatte, ob es zu einer Paradigmenverschiebung im Sinne der Medienkompetenz hin zu einer Medienkritik kommen muss, um auf die veränderten Lebensbedingungen entsprechend reagieren zu können. Im Kontext dieser Fragestellungen sowie als Basis für die durchgeführten Schülerinterviews wurden auch die Themenfelder der Mediensozialisation, -kompetenz, -kritik, die sozialen Medien sowie die Plattform Youtube beleuchtet.

Digitale Medien und deren Benutzung werden zunehmend als Sozialisationsinstanzen wahrgenommen, wodurch das Themengebiet auch für den pädagogischen Diskurs und die politische Bildung an Relevanz gewinnt. Die ständige Erreichbarkeit, die ubiquitäre Verfügbarkeit von technischen Endgeräten sowie die engen Verflechtungen zwischen der analogen und digitalen Welt verändern auch die Sozialisationsprozesse von Kindern und Jugendlichen. Es handelt sich dabei um dynamische Entwicklungen, welche teils unbemerkt von Erziehungsberechtigten und Lehrenden vollzogen und unter dem Begriff der „Selbstsozialisation" zusammengefasst werden können. Soziale Medien nehmen einen großen Stellenwert im Leben der Heranwachsenden ein und bedingen deren Identitätsprozesse. Die vielfältigen Möglichkeiten des Web 2.0 bieten neben diversen Informationen/Meinungen auch mannigfaltige Orientierungsmöglichkeiten sowie Vorbilder für Jugendliche an, welche teilweise unreflektiert angenommen und in das eigene Weltbild aufgenommen werden. Um diesen potenziellen Gefahren entgegenwirken zu können, müssen „gesicherte" digitale Handlungsräume mit gesetzlichen Regulierungen etabliert werden.

Die Generationsbezeichnung der *Digital Natives* ist als unzureichend zu deklarieren, da sie keine ganzheitliche Analyse ermöglicht, sondern nur einzelne Teilgesellschaften betrachten kann. Hinsichtlich der Medienbiografie handelt es sich um individuelle Prozesse, welche durch äußere Faktoren ergänzend beeinflusst werden können. In diesem Kontext muss weiter darauf verwiesen werden, dass signifikante Unterschiede hinsichtlich des Medienumganges der sozialen Milieus existieren, welche durch die Generationsbezeichnung nicht ausreichend beachtet werden. Zudem ist es fraglich, inwieweit die Verwendung des Leitmediums Web 2.0 zu einer gesellschaftlichen Veränderung führt oder führen kann.

Die Medienkompetenz stellt eine grundlegende Schlüsselqualifikation in unserer mediatisierten Gesellschaft dar, diese wird jedoch zum aktuellen Zeitpunkt im bildungspolitischen Diskurs dementsprechend noch nicht wahrgenommen oder umgesetzt. Es herrscht zwar ein Konsens über die Bedeutsamkeit des Aufbaus von Medienkompetenzen bei SuS, jedoch gibt es keine verbindlichen Vorgaben bezüglich der Umsetzung. Inwieweit die Vermittlung von medienbezogenen Kompetenzen fächerübergreifend oder fächerintern erfolgt, existieren aktuell nur wenige Publikationen oder Studien. Allerdings offenbarten die Ergebnisse der ICILS-Studie aus dem Jahr 2013 hinsichtlich des Medienkompetenzniveaus deutscher SuS erhebliche Diskrepanzen sowie Förderungsbedarf. Zu ähnlichen Ergebnissen kommt auch die ICILS-Studie aus dem Jahr 2018, es besteht ein erhöhter Handlungsbedarf.

Die Förderung von Medienkompetenzen muss entlang der gesamten Bildungskette realisiert und sollte dabei auf interprofessionelle Kooperationen gestützt werden. Ferner muss es zu einer inhaltlichen Präzisierung des Aufgabengebietes kommen, wobei sowohl digitale als auch analoge Medienformate in die Betrachtung miteinfließen müssen. Eine einseitige Fokussierung auf das Web 2.0 kann in diesem Kontext nicht als zielführend erachtet werden und widerspricht dem Grundgedanken des lebenslangen Lernens. Klassische Medienformate – wie Printmedien oder Hörbücher – können und müssen weiterhin kritisch hinterfragt sowie betrachtet und dürfen nicht als unveränderlich oder gar weniger störanfällig bewertet werden. Als übergeordnetes Ziel sollte das *mit, in* und *über* Medien lernen verstanden werden, welches anhand des Medienkompetenzkonzeptes von Baacke realisiert werden kann. Wobei jedoch eine genauere Differenzierung, bezüglich individueller oder gesellschaftlicher Faktoren, eine Notwendigkeit darstellt.

Hinsichtlich des interprofessionellen/kooperativen Arbeitens ist die Formulierung von Ist- und Soll-Zuständen sowie die Orientierung an verschiedenen internationalen Konzepten als empfehlenswert zu bewerten. In diesem Sinne muss es zu einer Professionalisierung und höheren Qualifizierung der universitären Lehrer-, Pädagogen- sowie Sozialarbeiterausbildung kommen, um auf die neuen Lebensbedingungen und Herausforderungen der Digitalisierung entsprechen reagieren zu können.

Als wesentlicher Bestandteil einer funktionierenden Demokratie ist die Ausübung von Medienkritik sowie das kritische Hinterfragen von Wirkungsgefügen zu verstehen. Hinsichtlich dem omnipräsenten Leitmedium des 21. Jahrhunderts – dem Web 2.0 – erlangt die Medienkritik eine universelle sowie steigende Bedeutung innerhalb der Gesellschaft.

Die „neuen" Anbietenden der sozialen Medien und die damit verbundenen Machtkonzentrationen sind für die meisten Nutzenden weniger offensichtlich und intransparenter als zu Zeiten der klassischen Medienformate. Die Zentrierung des Internets auf wenige AkteurInnen führt zu neuen Machtmonopolen, was in der Konsequenz zu einer Zentralisierung der gesammelten personenbezogenen Daten führt. Hinsichtlich dieses neuen Problemfeldes werden umfassende gesetzliche Regulierungen – besonders bezüglich des Umganges und den Verkaufsmöglichkeiten von persönlichen Daten – benötigt sowie eine Förderung von kritischem und hinterfragendem Denken. Aufgabe der politischen Bildung und der Institution Schule ist es, die SuS zu kritischen und (selbst-)reflexiven Denken sowie Handeln zu erziehen. In diesem Kontext stellt das Modell von Gaugin (2004) einen guten Ausgangspunkt dar, da es sowohl zur Differenzierung als auch zu Kategorisierung herangezogen werden kann. Neben einer fächerübergreifenden Herangehensweise – ein eigenständiges Fach der Medienkompetenz/-pädagogik wäre wünschenswert – sollte es ferner zu einer Etablierung eines verbindlichen Konsenses, vergleichbar mit dem Beutelsbacher Konsens, kommen. Durch die (ökonomische) Fokussierung auf die Nutzenden durch die Internetgiganten werden besondere Schutzmaßnahmen für junge Heranwachsende benötigt, da sie einen Großteil ihrer persönlichen Entwicklung in solchen digitalen Erlebnisräumen verbringen.

Ziel der Medienkritik oder dem kritischen Denken ist es nicht, existierende Meinungen zu reproduzieren, sondern neue Debatten zu initiieren und dadurch zu langfristigen Veränderungen anzuregen. Vielmehr soll die Gesellschaft – unabhängig ihres sozialen Milieus – dazu befähigt werden, die Motive/Ziele von (digitalen) Anbietenden sowie ihr eigenes Handeln zu hinterfragen und so einen selbstbestimmten Umgang mit den persönlichen Daten zu ermöglichen.

Soziale Medien werden von vielen Nutzenden als Universalwerkzeuge verstanden, welche zudem eine hohe Funktionalität aufweisen. Aufgrund ihrer beinah flächendeckenden Verbreitung in der westlichen Welt kann davon ausgegangen werden, dass sich die sozialen Netzwerke innerhalb der Gesellschaft etabliert haben. Je nach gewählter Perspektive werden die neuen Medienformate als sinnvolle Ergänzungen des Alltages verstanden, wobei sie neue Handlungs-/Erlebnisräume und Kommunikationsmöglichkeiten schaffen sowie den technologischen Fortschritt vorantreiben. Neben der Macht neue Horizonte zu eröffnen, können sie diese jedoch auch durch Phänomene wie Filterblasen/Echokammern oder Hate Speech verengen/begrenzen.

Diesem Themengebiet kann sich nur interdisziplinär angenähert werden, wobei technologische Entwicklungen eingehend betrachtet sowie hinsichtlich ihrer gesellschaftlichen Bedeutung bewertet werden müssen. Dies sind beispielsweise die zunehmende Vermischung der Sender- und Produzentenrollen, die Verbreitung von hybriden Medienangeboten, die zunehmende Konvergenz des vorhandenen Medienangebotes oder die gesellschaftlichen Folgen aus der ubiquitären Verfügbarkeit des Web 2.0. Den gegenwärtigen Angeboten lassen sich pauschal keine nur positiven oder negativen Effekte zuschreiben, sondern es handelt sich stets um ambivalente Wirkungsgefüge, die keine Generalisierungen zulassen. Inwieweit die Dienstleistungen eine positive oder negative Wirkung entfalten können, hängt in erster Linie von dem Umgang des Nutzenden ab und dessen Sichtbarmachung in den einzelnen Medienformaten.

Soziale Medien protokollieren das Verhalten ihrer Nutzenden und schöpfen deren personenbezogenen Daten ab, um sie selbst zu verwerten oder an andere AkteurInnen weiterzuverkaufen. Hierbei handelt es sich jedoch nicht um eine technologische Notwendigkeit, sondern um ökonomische Motive, die als solche auch wahrgenommen werden müssen. Dies ist die Aufgabe einer aufklärenden Medienpädagogik sowie der politischen Bildung, welcher weiter zu einem verantwortungsvollen Medienumgang animieren soll. Durch bereits „etablierte" Überwachungs- und Kontrollinstrumente ist es nicht mehr möglich, keine Datenspur im Web 2.0 zu hinterlassen und somit selbstbestimmt mit seinen Daten umgehen zu können. Um so bedeutsamer erscheint in diesem Kontext die Vermittlung von Medienkompetenzen an Heranwachsende. Das kritische Hinterfragen von Handlungsmotiven sowie von technischen Funktionsweisen kann zu einer Eindämmung negativer Effekte führen. Dennoch benötigt eine digitale Gesellschaft entsprechende gesetzliche Regulierungen, welche den Einfluss der Internetgiganten unterbinden sowie die Privatsphäre als schützenswertes „Gut“ auffassen sollen. Ferner können die Beeinflussungsmöglichkeiten der sozialen Medien durch die Einführung qualitätssichernder Maßnahmen, vergleichbar mit der Gatekeeper-Funktion, abgeschwächt werden.

Die hybride Multimedia-Plattform Youtube hat seit ihrer Gründung im Jahr 2005 einen fundamentalen Wandel hin zur Kommerzialisierung sowie Professionalisierung ihrer Inhalte durchlebt. Neben ihrer internationalen Verbreitung hat sie sich zu einer neuartigen Anlaufstelle für Suchanfragen entwickelt, welche vor allem durch eine junge Zielgruppe genutzt wird. In diesem Kontext kann von einem zentralen sowie habitualisierenden Medium mit einer großen Reichweite gesprochen werden.

Der Konzern Google LLC hat durch die Übernahme der Plattform eine Infrastruktur zur Publikumsvermessung geschaffen, welche keine technische Notwendigkeit darstellt, sondern in erster Linie für eigene oder fremdbestimmte ökonomische Motive genutzt wird. Durch die genauen Protokollierungen des Nutzerverhaltens auf der Plattform oder auf anderen Webseiten, welche Youtube-Inhalte verwenden, können diese überwacht werden. Über die verwendeten Algorithmen, dem Umgang mit den abgeschöpften Daten sowie dem erzielten Profit der Plattform teilt der Konzern keine Informationen mit, was als bedenklich eingestuft werden kann.

YoutuberInnen stellen für viele Jugendliche eine Vorbild- oder Orientierungsfunktion dar, unterliegen aber kaum bis gar keinen gesetzlichen Regulierungen und können dadurch auch einen potenziellen schädlichen Einfluss auf diese ausüben. Die Inszenierung von Nähe sowie die Einblicke in das persönliche Leben erzeugen bei den ZuschauerInnen ein Gefühl von Authentizität und Nahbarkeit, wodurch deren Aussagen/Meinungen mit einer gesteigerten Glaubwürdigkeit verbunden werden. Der Gebrauch einer vulgären Ausdrucksweise, das Zurschaustellen schnelllebigen Konsums sowie die Durchführung gefährlicher „Scherze“ können als potenzielle Gefahren identifiziert werden. Darüber hinaus ist eine zunehmende Entwicklung von

Machtmonopolen durch die Etablierung der Multi-Channel-Netzwerke festzustellen, welche durch diverse Konzerne vorangetrieben werden. Diese Machtkonzentrationen sowie die damit verbundenen Intentionen sind für die meisten Konsumierenden intransparent und werden nicht explizit hinterfragt.

Hinsichtlich des großen Stellenwertes der Plattform für eine junge Zielgruppe – 12- bis 19-Jährige – kann das Medienformat auch als ein potenzieller Handlungsraum für die politische Bildung betrachtet werden. Als gewinnbringend kann vor allem die direkten Kommunikationsmöglichkeiten mit der anvisierten Zielgruppe sowie der große Lebensweltbezug für diese gewertet werden. Eine spezifischere Auseinandersetzung mit den einzelnen Genres, wobei auch kleinere Genres beleuchtet werden sollten, sowie eine ausgewogene Betrachtung der Konsumierenden durch die Forschung wäre wünschenswert, um die ambivalenten Effekte genauer analysieren zu können.

Aktuell werden Inhalte der politischen Bildung vornehmlich durch Kooperationsprojekte mit bekannten Youtube-Stars vermittelt, jedoch kann dies keine endgültige Lösung darstellen. Vielmehr muss die Funktions- sowie Verbreitungslogik sozialer Medien verstanden und auf Basis dessen neue Medienformate geschaffen werden. Hierbei darf jedoch bei der Zielgruppe kein Gefühl der „Übersättigung" entstehen, da die Angebote sonst abgelehnt werden könnten. Sinnvoll erscheint in diesem Kontext die Produktion von (kurzen) Erklärvideos zu politischen Themen, welche von den SuS/Nutzenden als alternative Lernangebote wahrgenommen werden können. Vor allem die fortwährende Betreuung der Kommentarfunktion, welche auch durch sogenannte Trolle erschwert werden können, erfordert einen hohen und umfassenden Zeit- sowie Personalaufwand, der im Regelfall nicht leistbar ist. Studien oder Kampagnen, wie die der Bertelsmann Stiftung, können in diesem Zusammenhang wichtige Erkenntnisse liefern, müssen jedoch hinsichtlich ihrer Intentionen kritisch hinterfragt werden.

Die durchgeführten qualitativen Schülerinterviews sowie die daraus gewonnenen Erkenntnisse können als Basis für eine tiefergreifende Auseinandersetzung mit diesem Forschungsgebiet genutzt werden. Es handelt sich hierbei zunächst um eine oberflächliche Annäherung, die keine Rückschlüsse auf Generalisierungen zulässt. Für eine ganzheitliche Betrachtung der Thematik werden umfassendere und begleitende Studien benötigt, welche die angeschnittenen Themen explizit beleuchten und detailliert aufarbeiten können.

Die gewonnenen Erkenntnisse bestätigen beispielsweise den erhöhten Stellenwert sowie die häufige Nutzung der Plattform durch die Heranwachsenden aus den verschiedenen Monitoring-Studien (JIM- oder KIM-Studie). Ergänzend konnte eine funktionale Nutzung, durch die Verwendung von Erklärvideos als „Lernhelfer“ oder als Unterhaltungsprogramm, sowie spezifische Erwartungen an die AkteurInnen festgestellt werden. Diese, zumeist professionellen Erwartungen, stehen in einer starken Diskrepanz zu der kritisierten Kommerzialisierung der Plattform und offenbaren eine unzureichende Hinterfragung des eigenen Medienumganges und den damit verbundenen Wünschen. Ergänzend sind die wiederholten Hinweise auf „jüngere Personen“ und deren potenzielle Gefährdung oder Beeinflussung durch YoutuberInnen als aufschlussreich zu bewerten und können eventuell auf eigene Erfahrungen zurückgeführt werden. Um diese Vermutung bestätigen zu können, müssten weitere Befragungen durchgeführt werden. Als problematisch sind vor allem die formulierten Kommunikationshemmnisse mit den Eltern zu beurteilen. Aufgrund fehlender Gemeinsamkeiten, Verständnis oder Kenntnis des Sprachgebrauches kommt oftmals keine Kommunikation zustande. Daraus lässt sich in der Konsequenz ableiten, dass sich diese Hemmschwellen ergänzend auf die Kommunikation zwischen Lehrenden und SuS beziehen kann. Aufgrund der Vorbildfunktion von YoutuberInnen oder anderen InfluencerInnen werden diese als AnsprechpartnerInnen klassifiziert, was zu einer stärkeren Orientierung an diesen führen kann. Woraus sich erstens Machtpositionen entwickeln und zweitens Möglichkeiten zur Beeinflussung oder Manipulation entstehen können. Diese müssen nicht zwangsläufig ausgenutzt werden, jedoch kann von einer potenziellen Beeinflussung der Nutzenden durch die YoutuberInnen ausgegangen werden.

Klare Handlungs- oder Kaufappelle lassen sich in der Regel leicht als solche erkennen, jedoch ist es fraglich, ob unterschwellige Beeinflussungen ebenso identifiziert werden können. In diesem Kontext sind vor allem die ironische und/oder plakative Verwendung von geschlechterspezifischen Stereotypen anzuführen, welche ohne entsprechende Kompetenzen oder Reflexionsprozesse in die Weltbilder der Nutzenden aufgenommen werden können. Ein funktionaler und quantitativer Medienumgang ist nicht mit einem qualitativen Umgang zu vergleichen, weswegen die Medienkompetenzen von Kindern und Jugendlichen umfassend gefördert werden müssen.

Die dargestellten Handlungsempfehlungen illustrieren die aktuellen Problematiken des mediatisierten Lebensstils im schulischen Kontext der politischen Bildung, welche als langfristige Projekte mit komplexen Antworten verstanden werden müssen. Hinsichtlich der bestehenden universitären Lehrerausbildung sowie den Fortbildungsmöglichkeiten wird eine umfassende Professionalisierung und Qualifizierung benötigt, um in einem geeigneten Rahmen Medienkompetenzen an die Lernenden zu vermitteln. Ebenso muss es zu einem Umdenken des Medienbegriffes kommen, wobei analoge Medienformate nicht in den Hintergrund geraten dürfen. Ergänzend müssen die Schulen durch finanzielle Mittel auf einen aktuellen technologischen Stand gebracht werden.

Die Etablierung eines eigenständigen medienpädagogischen Schulfaches und die Auflösung von existierenden interprofessionellen Zuständigkeitsdilemmata sind als empfehlenswert zu erachten. In diesem Kontext muss die Bildliteralität gefördert sowie die hybriden Medienformate und die dort verwendeten Symbole, Codes und Sprachen eingehend beleuchtet werden. Ergänzend muss es zu einer fächerübergreifenden Thematisierung sozialer Medien im schulischen Kontext kommen. Hier lassen sich diverse Ansatzpunkte für die Vermittlung politischer Bildung erkennen, welche durch verschiedene Konzepte zielgruppengerecht aufgearbeitet sowie vermittelt werden können. Besonders der Einsatz von Erklärvideos oder die Produktion eigener Videoinhalte erscheinen als sinnvolle Unterrichtsergänzungen, wobei darauf geachtet werden muss, dass der Medieneinsatz zu den gewählten Stunden-/Unterrichtseinheitszielen passt. Die Sammlung, Erstellung und Bereitstellung von geeigneten Unterrichtskonzepten kann als zentrale Forderung formuliert werden, welche einen großen Mehrwert für den schulischen Kontext generieren könnte.

Abschließend kann festgehalten werden, dass aus der veränderten Lebensrealität aufgrund der kulturellen Transformation der Mediatisierung neue Herausforderungen an die politische Bildung gestellt und zeitgemäße didaktische Perspektiven entwickelt werden müssen. Es handelt sich bei dem Web 2.0

um kein Problemfeld, welches durch einzelne AkteurInnen aufgelöst werden kann, sondern es muss im Verständnis eines gesamtgesellschaftlichen Problems Beachtung finden. Im Rahmen des Kontroversitätsprinzips müssen schulische und außerschulische Einrichtungen zusammenarbeiten und einen Konsens hinsichtlich des Umganges mit dem Themengebiet der sozialen Medien entwickeln. Hierbei müssen verschiedene Schwerpunkte gesetzt und diverse Medienformate in den Blick genommen werden, um die Wirkungsgefüge analysieren und aufarbeiten zu können.

Eine Paradigmenverschiebung zugunsten der Medienkritik, wobei diese als kritisch-reflexive Medienauseinandersetzung zu verstehen ist, erscheint als notwendig. Eine Distanzierung oder Abwendung von medialen Angeboten des Web 2.0 verkennt die Bedeutsamkeit dieses Problemfeldes ebenso wie eine plakative Zuweisung von nur positiven oder negativen Effekten. Ratsam erscheint eine Orientierung an der kritisch-optimistischen Position, die sowohl negative als auch positive Aspekte in ihre Bewertung einfließen lässt. Aufgrund der dynamischen Entwicklungen des Web 2.0 können hinsichtlich der gesellschaftlichen Auswirkungen nur Prognosen formuliert und noch keine endgültigen Bewertungen vollzogen werden. Hierfür werden umfassende Forschungsprozesse benötigt, welche sich aktuell noch in ihren Anfängen befinden.

II. Anmerkungen

1. Die Arbeit wurde im Frühjahr 2019 verfasst und im Winter 2020/2021 überarbeitet bzw. aktualisiert. Die Transkripte der Videoausschnitte und Schülerinterviews können über die Verfasserin angefragt werden.
2. Die Mediatisierung bezeichnet die zunehmende Ausbreitung von elektronischen/ digitalen Medien in allen Lebensbereichen (vgl. Duden 2019a).
3. Unter dem Web 2.0 wird die Weiterentwicklung des Internets verstanden, wobei nicht der technische Fortschritt im Fokus der Betrachtung steht, sondern das veränderte Verhalten der Internetnutzenden. Das Nutzungsverhalten wird immer interaktiver, ermöglicht multimediales Interagieren und es kommt vermehrt zu einem aktiveren Handeln (vgl. Otto u. a. 2012, 251). Synonym wird oftmals auch der Begriff „Social Media“ verwendet, wenn die Internetangebote den Kriterien des Web 2.0 entsprechen (vgl. Eisemann 2015, 27).
4. Der Begriff der Second Screens beschreibt einen Wandel innerhalb der Mediennutzung, wobei zusätzliche technische Endgeräte – Tablets oder Smartphones – parallel zum Fernseher genutzt werden (vgl. Göttlich u. a. 2017, 1).
5. In diesem Kontext muss auch der Begriff der „Digital Divide“ beachtet werden, welcher auf die fehlenden globalen Internetzugangsmöglichkeiten von Entwicklungs- und Schwellenländern hinweist (vgl. Bohlken 2018, 281).
6. Publikationen oder Rezeptionsstudien hinsichtlich des Themenfeldes „Medien als (vierte) Sozialisationsinstanz“ lassen sich nur spärlich oder gar nicht auffinden. In der Regel werden Medien als Teildisziplin verstanden und deren Potenzial für die individuelle oder gesellschaftliche Entwicklung ist noch nicht abschließend geklärt (vgl. Hipeli 2012, 70; Hoffmann, Mikos 2010, 12).
7. In der JIM-Studie 2018 gaben 91 % der befragten Jugendlichen an, dass sie das Internet täglich benutzen würden, wobei dies meistens über ein mobiles Endgerät geschieht (vgl. mpfs 2018, 13).
8. Unter Peer-Group wird eine soziale Gruppe von gleichaltrigen Jugendlichen verstanden, welche den Heranwachsenden als Bezugsgruppe und soziale Orientierung dient (vgl. Kirchgeorg 2019).
9. Viele Ratgeber empfehlen Eltern die Installation von Jugendschutzsoftware, welche in Form von Filtersoftware, Monitoring- oder Zeitkontroll-Software in Erscheinung treten kann. Jedoch bietet auch diese keinen vollkommenen Schutz und viele Jugendliche können diese Schutzmechanismen selbsttätig aufheben (vgl. Nuxoll 2017, 79f.).
10. Die ICILS Studie (International Computer and Information Literarcy Studie) ist eine internationale Vergleichsstudie, welche die computer- und informationsbezogenen Kompetenzen von SuS der 8. Jahrgangsstufe untersucht. Seit 2013 wird die Studie in einem fünfjährigen Turnus durchgeführt, wobei etwa 21 Länder daran teilnehmen. Neben den SuS werden auch Lehrende und die Schulleitungen befragt (vgl. bmbf 2019).
11. Deutschland erreichte in der ICILS-Studie von 2013 523 Punkte, dies entspricht der Kompetenzstufe III (Angeleitetes Ermitteln von Informationen und Bearbeitung von Dokumenten sowie Erstellen von Informationsprodukten) (Eickelmann u. a. 2014, 15).
12. Das Prinzip „Hilfe durch Selbsthilfe“ ist vielen gemeinnützigen Organisationen, staatlichen oder privaten, zu eigen und wird zumeist als übergeordnetes Leitziel formuliert. Die betroffenen Personen sollen dazu angeleitet bzw. befähigt werden, sich wieder selbst helfen zu können, indem sie sich selbst ihren Problemen stellen. Auf diesem Konzept basieren viele Selbsthilfegruppen (vgl. dandc 2007).

13. Die kritische Theorie bezeichnet mit der „Kulturindustrie" die Formation einer warenproduzierenden Gesellschaft, welche sich in der sozialen und kulturellen Dimension auf eine (maximale) Kapitalverwertung fokussiert hat (vgl. Leschke 2007, 177).
14. Frightful Five oder FAMGA bezeichnet die fünf US-Weltmonopole Facebook, Amazon, Microsoft, Google und Apple (vgl. Hagen 2018, 29).
15. Unter dem Begriff der Bildliteralität wird ein spezieller Bereich der kulturellen Literalität verstanden, welcher mit spezifischen Wahrnehmungskompetenzen und nonverbalen Kommunikationsformen verbunden ist (vgl. Duncker, Lieber 2013, 23).
16. Der Begriff Producer (Wortzusammensetzung aus Producer und User) bezeichnet Personen, welche neben der Nutzung von Medieninhalten auch eigene Inhalte produzieren, wobei die klassische Trennung zwischen Nutzenden und Produzierenden aufgehoben wird (vgl. Himmelrath, Egbers 2018, 174).
17. Ein umfassender Definitionsversuch der „sozialen Medien" lässt sich in der Publikation von Taddicken und Schmidt nachlesen (vgl. Taddicken, Schmidt 2017a, 4ff.).
18. Die Videoplattform Vimeo wurde 2004 gegründet und launchte 2017 ihren eigenen Streaming-Dienst. Teilweise sind die Inhalte der Plattform kostenpflichtig und können nur über ein registriertes Konto freigeschaltet werden (vgl. vimeo 2019).
19. Die Plattform Facebook kann als Paradebeispiel für den privaten Gebrauch betrachtet werden, vergleichbare Plattformen – hinsichtlich Mitglieder, Einfluss oder Reichweite – existieren nicht (vgl. Knop 2017, 375).
20. Der Messenger WhatsApp erfüllt theoretisch nicht die Kriterien eines sozialen Netzwerkes, jedoch lassen sich verschiedene funktionale Überschneidungen feststellen. Darüber hinaus wird ein Großteil der persönlichen Kommunikation über diese Anwendung vollzogen (vgl. Knopp 2017, 376).
21. Die inhaltlichen Zielsetzungen und Wirkungsmechanismen der einzelnen Teilfunktionen lassen sich bei Taddicken und Schmidt (2017b) nachlesen.
22. Inwiefern dies im aktuellen Kontext der medialen Möglichkeiten – ständige Erreichbarkeit durch mobile Endgeräte – noch der Fall ist, müsste durch eine weitere Studie eruiert werden. Es ist jedoch zu vermuten, dass durch die dauerhafte Speicherung von personenbezogenen Daten sowie die Befürchtung, das Ziel von Cyber-Mobbing oder Hate Speech zu werden, die Kreativität sowie das Ausprobieren von verschiedenen Identitätsentwürfen von Jugendlichen gehemmt werden könnten.
23. Als FollowerInnen werden Personen bezeichnet, welche sich über soziale Netzwerke mit anderen Personen verbunden haben, um über ihre Aktivitäten und Beiträge informiert zu werden (vgl. Ebersbach u. a. 2016, 296).
24. Es muss jedoch eine Differenzierung stattfinden, wie und an welche Benutzergruppen die produzierten Inhalte verbreitet werden. So werden die meisten Inhalte für den privaten Gebrauch mit Freunden, Familie und dem näheren Bekanntenkreis produziert und in der Regel nicht der breiten Öffentlichkeit zugänglich gemacht, beispielsweise durch private Kontoeinstellungen.
25. Durch die neue DSGVO-Verordnung, welche seit dem 25. Mai 2018 europaweit gültig ist, verstößt beispielsweise die Nutzung des Online-Messengers WhatsApp für private und geschäftliche Kommunikation gegen die Datenschutz-Grundverordnung. Problematisch gestaltet sich dabei der Abgleich der Kontaktliste durch den Messenger, wobei die Daten an das Mutterunternehmen Facebook weitergegeben und ökonomisch verwertet werden. Diese Regelung ist vor allem für Selbstständige oder Handwerker schwierig, da Kundendaten nur mit einer schriftlichen Einwilligung weitergegeben werden dürfen (vgl. Mansholt 2018).

26. Als Algorithmus werden explizite Handlungsanweisungen an Computer bezeichnet, welche diverse Funktionen für den Programmierenden übernehmen können (vgl. Himmelrath, Egbers 2018, 172).
27. Der Gatekeeper oder das Modell des kollektiven Gatekeepings bezeichnet im sozialwissenschaftlichen Diskurs den Filterungsprozess von Informationen durch verschiedene (journalistische) AkteurInnen. Die Akteure wirken durch eine kommunikationszentrierte Perspektive auf die Nachrichtenselektion ein (vgl. Keyling 2017, 60). Ferner beschreibt der Begriff „den Auswahl- und Veröffentlichungsprozess traditioneller Massenmedien" (ebd., 14). Durch die zunehmende Aufweichung der Gatekeeper-Funktion zugunsten einer nutzerbasierten Gewichtung von „relevanten" Inhalten können verschiedene wichtige, aber langweilige oder komplexe Nachrichten in den sozialen Netzwerken verschwinden. Bestimmte Inhalte müssen jedoch einer breiten Öffentlichkeit präsent zugänglich gemacht werden, nicht weil sie sie gezielt nachfragen, „sondern weil das Publikum in seiner Rolle als Bürgergesellschaft sie braucht" (Prinizing 2016, 108).
28. Das aktuelle deutsche Telemediengesetz ist im Jahr 2007 in Kraft getreten und regelt die rechtlichen Rahmenbedingungen der Telemedien. Aufgrund der unpräzisen Gesetzesformulierungen sowie des veralteten Stands des Gesetzes kann es nicht zeitgemäß auf die Belange der Neuen Medien reagieren (vgl. Beer 2016).
29. Ergänzend konnte in Ländern mit einer eingeschränkten oder gar fehlenden Meinungsfreiheit festgestellt werden, dass diese als Ventil für Unmut, aber auch als Katalysator für Unruhen/Empörungen fungieren können. Ferner können durch diese Medienformate tabuisierte (Medien-)Inhalte in den Fokus der Öffentlichkeit gerückt werden (vgl. Emmer 2017, 89).
30. Im Sinne der Fragmentierungsthese – welche hier nicht näher ausgeführt werden kann – lassen sich die Echokammern der aktiven Selektion von Nutzenden zuordnen. Filterblasen werden in diesem Kontext als passive Steuerungen aufgefasst (vgl. Neuberger 2018, 57).
31. Im Kontext der Printmedien bezeichnete der Begriff der „Zeitungsente" Falschmeldungen in klassischen Medienformaten (vgl. Lossau 2017, 2).
32. Claire Wardle gehört zu den MitbegründerInnen der Allianz FirstDraft, welche Strategien zur Erkennung von Desinformationen und grundlegende Quellen für die Berichterstattung, Qualitäts- und Quellenprüfung von JournalistInnen anbieten (vgl. FirstDraft 2019).
33. Verschiedene Internetseiten wie „mimikama.at" oder der „Faktenfinder" der Tagesschau bieten ihren Nutzenden die Möglichkeit an, Nachrichten hinsichtlich ihrer Authentizität zu überprüfen.
34. Über die Funktionsweise der einzelnen Algorithmen, deren Filterung sowie Bewertungsprozesse ist in der Regel nichts bekannt, da die Firmen diese als Geschäftsgeheimnisse deklarieren (vgl. Lobe 2019).
35. Die hessische Polizeibehörde setzt seit Ende 2017 eine amerikanische Software der umstrittenen Firma Palantir ein, um sogenannte GefährderInnen in den sozialen Medien zu identifizieren (vgl. Singelnstein 2019).
36. Der Satiriker Jan Böhmermann illustrierte in seiner Show „Lass dich überwachen! Die PRISM IS A DANCER Show" vom 5. April 2018 wie offen seine Studiogäste mit ihren persönlichen Daten in den sozialen Netzwerken umgehen (vgl. ZDF 2018).
37. Als „YoutuberInnen" werden Personen bezeichnet, die in regelmäßigen Abständen selbstproduzierte Inhalte verbreiten, über einen hohen Vernetzungsgrad verfügen sowie in einem stetigen Kommunikationsaustausch mit ihren „FollowerInnen" stehen (vgl. Peter u. a. 2016, 51).

38. Die amerikanische Firma PayPal wurde 1998 gegründet und bietet Online-Zahlungsmöglichkeiten auf verschiedenen Plattformen an. Das Unternehmen wurde in der Vergangenheit wegen der Kontosperrung von tatverdächtigen Personen und deren Verwandten durch das US-Heimatschutzministeriums wiederholt kritisiert (vgl. eRecht24 2019).
39. Die Firma Google LLC gehört dem Mutter-Konzern Alphabet an und verfolgt laut eigenen Aussagen folgende Mission: „Die Informationen dieser Welt organisieren und allgemein zugänglich und nutzbar zu machen" (vgl. Google 2019a). Das Unternehmen steht seit Jahren wiederholt wegen verschiedener Aspekte in der öffentlichen Kritik, besonders hinsichtlich ihrer „Quasi-Monopolstellung" und unlauterer Wettbewerbsmethoden. Aus diesem Grund wurde der Konzern am 20. März 2019 zu 1,5 Milliarden Strafe durch die EU-Kommission verurteilt (vgl. Der Standard 2019).
40. User-Generated Content (UCG) meint die Erstellung von Inhalten im Internet, welche selbst durch die Nutzenden generiert werden (vgl. Gruenderszenze 2019).
41. PCG meint die Erstellung von professionellen Inhalten im Internet, welche durch (Medien-)Unternehmen generiert werden (vgl. Keyling 2017, 111).
42. Das Content ID-System erkennt automatisch urheberrechtlich geschützte Werke in Videoclips und leitet eventuelle Werbeeinnahmen an die UrheberInnen weiter (vgl. Google 2019b).
43. Als Unique UserInnen werden einerseits einzelne BesucherInnen gemeint und andererseits ein Messwert bezeichnet, welcher festhält, wie oft eine Webseite aufgerufen wird. „Die Summe an Unique User gibt an, wie viele unterschiedliche Nutzer innerhalb eines bestimmten Zeitraums eine Internetseite aufgerufen haben" (omkt 2019).
44. Die JIM-Studie wird seit 1998 als jährliche Basisstudie der 12- bis 19-Jährigen hinsichtlich ihres Medienumganges durchgeführt. Durch die Datenerhebungen sowie -auswertungen sollen neue Konzepte und Ansatzpunkte gefunden werden. Die Langzeitstudie bildet weiter die allgemeinen Entwicklungen und Trends ab und thematisiert spezifische Untersuchungsgegenstände (vgl. mpfs 2018).
45. Die Vorinstallation von bestimmten Apps soll neue Zielgruppen erschließen und den Nutzenden demonstrieren, dass diese vorinstallierten Apps einen hohen Authentizitäts- und Vertrauensgrad besitzen, da sie von den HerstellerInnen direkt empfohlen werden (vgl. Rauchhaupt 2018). Im Jahr 2018 wurde Google durch die EU zu einer Strafe von 4,3 Milliarden Euro verurteilt, da sie ihre Vormachtstellung beim Betriebssystem Android missbraucht und beispielsweise auf die Vorinstallation von elf Google-eigenen Apps bestanden hatten. Durch die vorinstallierten Apps oder auch der Festlegung der Google-Suchmaschine generiert das Unternehmen eine Vormacht- und Monopolstellung im digitalen Sektor Europas. MarkforscherInnen nehmen an, dass etwa 80 % der Smartphones in Europa mit einem Android-Betriebssystem ausgestattet sind (vgl. Zeit 2018).
46. Im amerikanischen Raum ist es bereits seit 2017 unter den Namen „Youtube Red" verfügbar.
47. Die regulären Abo-Kosten lagen im Frühjahr 2019 monatlich bei 11,99 € und für ein Familien-Abo – für bis zu sechs Personen aus einem Haushalt – bei 17,99 €. Wenn die Buchung jedoch über ein iOS-Gerät (Apple-Produkte) verlief, beliefen sich die Kosten für ein monatliches Abo auf 15,99 €. Dies verstößt gegen die Wettbewerbsgesetze der EU (vgl. Mey 2018).
48. Die Datenschutz-Grundverordnung (DSGVO) beruht auf der europäischen Verordnung 2016/679 und dient dem Schutz natürlicher Personen bei der personenbezogenen Verarbeitung von Daten und gilt im gesamten europäischen Wirtschaftsraum (EWR) (vgl. Eurlex;2016). Seit dem 25. Mai 2018 drohen den Unternehmen und Webseiten

hohe Geldstrafen, wenn sie gegen die neue Grundverordnung verstoßen (vgl. dsgvo-gesetz 2019).

49. Über die Seite takeout.google.com lassen sich die von Google gesammelten Daten anfordern, jedoch wird dafür ein Google-Konto benötigt (vgl. Mey 2018).
50. Das klassische Product-Placement beschreibt die gezielte Platzierung von Produkten in audiovisuellen Medien.
51. Dem Genre lassen sich beispielsweise folgende YoutuberInnen zuordnen: BibisBeautyPalace, Dagi Bee, Sami Slimani, Paola Maria, xLaeta oder Little Miss.
52. Die Überrepräsentation von weiblichen Youtuberinnen in diesem Genre stellt eine Ausnahme dar. Wie in den klassischen Medien dominieren männliche Akteure die Plattform, so sind im Jahr 2015 nur zwei der Top 20 und nur 12 der Top 100 meist abonnierten deutschsprachigen Youtube-Channels von weiblichen Youtuberinnen. Die Ursachen für die Geschlechterdifferenz sind bisher noch nicht abschließend erforscht worden (vgl. Döring 2015, 17).
53. Um an den Gewinnspielen oder den Verlosungen teilnehmen zu können, müssen die Channels abonniert werden. Über die Teilnahme können weitere personenbezogene Daten über die ZuschauerInnen gesammelt werden.
54. Das Kunstwort „Vlog", welches eine Verschmelzung der beiden Wörter „Video" und „Blog" ist, beschreibt eine Art persönliches Tagebuch in Form von mehreren Videos (vgl. Gunreben 2019).
55. Dem Genre lassen sich beispielsweise folgende YoutuberInnen zuordnen: Simon Desus, Julienco, Felix von der Laden/Dner, KsFreakWhatElse, Melina Sophie oder die Ritzkes.
56. Durch eine orthografisch fehlerhafte Schreibweise von Beleidigungen, werden diese nicht durch den Schimpfwortfilter erkannt und dadurch nicht automatisch gelöscht (vgl. Brügge, Gebler 2017, 14).
57. Dem Genre lassen sich beispielsweise folgende YoutuberInnen zuordnen: Julien Bam, ApeCrime, Yitti (inaktiv), iBlali, A.B.K. oder Kelly MissesVlog.
58. Dem Genre lassen sich beispielsweise folgende YoutuberInnen zuordnen: Gronkh, German Let's Play, Paluten, Ungespielt, Rewinside und Pandorya.
59. Eine ausführliche Beschreibung der acht Grundtypen sowie deren spezifischen Umgang mit dem Web 2.0 können in dem Aufsatz von Haas u. a. (2007, 220ff.) nachgelesen werden.
60. Das TubeOne Network wurde 2013 in Hamburg gegründet und betreibt vor allem Social-InfluencerInnen-Networking (vgl. TubeOne 2019).
61. Über die Unternehmensgeschichte gibt es keine näheren Informationen. Es fällt weiter auf, dass die Künstlerseite nicht auf einem aktuellen Stand ist (vgl. aktuelle Zahlen der Abonnierenden; Tiquest 2019).
62. Über den jährlich erscheinenden Bericht „Media Perspektiven Basisdaten" der ARD kann die prozentuale Beteiligung des Konzerns auf die Printmedien und Onlineportale eingesehen werden (vgl. ARD-Werbung 2018; Prosiebensat1 2019).
63. Branded Entertainment meint eine weiterentwickelte Produktplatzierung, welche mithilfe von Medienprodukten (Videos, Filme, Videospiele etc.) an den Konsumierenden verkauft werden soll.
64. Am 30. April 2017 deaktivierten die Youtuber PietSmieth ihren Twitch-Kanal PietSmietTV, da sie laut der Kommission für Zulassung und Aufsicht (ZAK) ein rundfunkähnliches Angebot seien, jedoch über keine entsprechende Lizenz verfügen würden. Die YoutuberInnen stellten aufgrund der damit verbundenen Kosten sowie den damit einhergehenden Bestimmungen keinen Lizenzantrag, wofür sie von verschiedenen AkteurInnen kritisiert wurden (vgl. Herbig 2017; Steinlechner 2017).

65. Die Webedia Group agiert in der Film-, Gaming- und Kinobranche und ergänzt ihr Angebot durch verschiedene populäre Magazine bzw. Internet-Communities (GameStar, MoviePilot, GamePro usw.) sowie durch InfluencerInnen-Marketing, wofür sie die Channels der bei Allyance und andere Agenturen unter Vertrag stehenden YoutuberInnen nutzen (vgl. Webedia-Group 2019).
66. Bei einer Pressekonferenz zum Besuch des 44. US-Präsidenten Barack Obama in Berlin, welche im zeitlichen Kontext des NSA-Skandals und der Überwachung durch Prism stattfand, löste Kanzlerin Merkel mit ihrer Äußerung: „Das Internet ist für uns alle Neuland" eine umfassende Netzdebatte aus (vgl. Waleczek 2013).
67. Im Frühjahr 2019 warb Mr.Wissen2Go – alias Mirko Drotschmann – gemeinsam mit dem ZDF und deren Format „Wahl 2019 im ZDF. Die Sendung für Erstwähler" für die Europawahl am 26.05.2019 (vgl. ZDF 2019).
68. Im Gegensatz zu den gängigen Mediatheken, wo die Videos nur eine gewisse Zeit lang abgerufen werden können, stehen die Videos auf der Plattform für eine unbegrenzte Zeit zur Verfügung.
69. Als Beispiel für eine solche interaktive Zusammenarbeit kann der Youtube Kanal „CityVee" von der Stadt Nürnberg angeführt werden. Es handelt sich um ein e-partizipatives Projekt, welches es 14- bis 24-Jährigen ermöglicht, mit Unterstützung der Stadt Nürnberg, eigene Inhalte zu produzieren und diese auf dem Kanal zum Ausdruck zu bringen (vgl. CityVee 2019).
70. Funk (2016) ist das Content-Network von ARD und ZDF, welches die Zielgruppe der 14- bis 29-Jährigen über verschiedene (gesellschaftliche) Themen informieren, orientieren und unterhalten möchte. Sie betreiben auf verschiedenen sozialen Medien Accounts und werden über die Rundfunkbeiträge finanziert. Aktuell haben sie über 70 verschiedene Kanäle unter Vertrag (vgl. Funk 2021).
71. Vor allem die sogenannten „Troll-Kommentare", welche von Internetnutzenden stammen, die digitale Kommunikation auf Beleidigungen und Hasskommentare reduzieren, erschweren eine solche Betreuung immens (vgl. Grimmarco 2017).
72. Interessanterweise wird durch die Kunstfigur „Barbie" ein Youtube-Channel, mit circa 6,3 Millionen Abonnierenden, betrieben, welcher im Rahmen der Konzern-Kampagne „P.A.C.E" (= Positive Attiude Changes Everything) realisiert wird. Neben der Thematisierung klassischer Youtube-Genres werden alle Videokommentare durch die Kunstfigur über den gesamten Zeitraum hinweg beantwortet (vgl. Barbie 2019). Ob es sich um eine persönliche Betreuung oder um programmierte Social Bots handelt, ist leider nicht bekannt.
73. Das Projekt „jungbewegt – Für Engagement und Demokratie" wurde 2016 von der Bertelsmann Stiftung entwickelt und lief bis 2019 in drei Projektphasen und wurde in Kooperation mit den Ländern Berlin, Rheinland-Pfalz, Sachsen-Anhalt sowie mit fünf Kommunen durchgeführt. Nähere Informationen können über die Projektseite oder über den Flyer eingesehen werden (vgl. Bertelsmann Stiftung 2019).
74. Die Agentur MESH-Collective hat ihren Sitz in Berlin und beschreibt ihr Tätigkeitsfeld selbst wie folgt: „Kurz: Wir machen Arbeit mit & für Jugendliche" (MESH-Collective 2019). Die Agentur wurde aufgrund ihrer Erfahrung mit gesellschaftspolitischen Themen für Jugendliche sowie ihres großen InfluencerInnen-Netzwerkes für die Kampagne ausgewählt (vgl. Politikum 2018, 37). Es können keine näheren Angaben über die Gründung der Agentur oder deren Unternehmensentwicklung getroffen werden, da keine entsprechenden Daten vorliegen.
75. Folgende Grobdefinition bekamen die sechs YoutuberInnen zur Verfügung gestellt: „Populismus ist eine von Opportunismus geprägte Politik. Durch eine Dramatisierung der politischen Lage soll die Gunst der Massen gewonnen werden. Populismus grenzt

bestimmte Bevölkerungsgruppen aus, z. B. aufgrund ihrer ethnischen, religiösen und sozialen Herkunft oder ihres Lebensstils. Diesen Gruppen werden politische und soziale Teilhaberechte abgesprochen. Populisten reklamieren die ‚Überlegenheit' einer Leitkultur und vereinfachen politische Fragen. Sie sind antipluralistisch und damit im Kern antidemokratisch. Positionen werden nicht mit belastbaren Fakten begründet; es wird mit Behauptungen/‚alternativen Fakten' argumentiert. Populisten nehmen für sich die Vertretung des „wahren Volkwillens" in Anspruch und diffamieren Eliten in der Politik, der Wissenschaft, staatlichen Einrichtungen und den Medien. Sie mobilisieren in ihrer Öffentlichkeitsarbeit über die Bestärkung von Vorurteilen, Ängsten (z. B. vor einem sozialen Abstieg, den Folgen der Globalisierung, Fremden, Kriminalität) und des Gefühls der Machtlosigkeit gegen ‚die da oben'. Populisten idealisieren die Vergangenheit und stilisieren sich als moralische Vertreter der Wahrheit. Sie finden überproportional in sozial benachteiligten Milieus Zuspruch, erreichen zunehmend aber auch andere Bevölkerungsgruppen" (Politikum 2018, 39).

76. Insgesamt gibt es nur sehr wenige Publikationen oder Berichte über die Influencer-Kampagne der Bertelsmann Stiftung. Grundlage ist vor allem das vom Politikum geführte Interview mit den beiden Projektbetreuern Meinhold-Henschel und Kappeller. Weder die Projektseite noch der Projektflyer, welcher noch aus dem Jahre 2016 stammt, führt nähere Informationen zu der Kampagne auf.
77. Über seinen Nachnamen oder sein Geburtsdatum sind keine Informationen bekannt. Der Youtuber steht bei der Agentur Studio 71 unter Vertrag.
78. Das Genre „Let's Play" beschreibt das Vorführen sowie das Kommentieren von Computerspielen, dabei filmen sich die ProtagonistInnen zumeist selbst und/oder nehmen über einen Screencast ihre Spielaktivität auf (vgl. Wikipedia 2019).
79. Die Youtuberin Fräuleinchaos steht bei der Agentur Studio 71 unter Vertrag.
80. Die Youtuberin *I'm Jette* steht bei der Agentur Studio 71 unter Vertrag, über ihr Geburtsdatum sind keine Informationen bekannt.
81. Die Youtuberin Lisa Sophie Laurent, welche früher unter dem Namen ItsColesaw auf der Plattform aktiv war, steht bei der Agentur Studio 71 unter Vertrag.
82. Es sind keine Informationen über Agenturzugehörigkeiten zu finden.
83. Der richtige Name oder das Geburtsdatum des Youtubers sind leider nicht bekannt, ebenso wie frühere Verträge bei Agenturen.
84. Sein Abschiedsvideo wurde Anfang 2018 hochgeladen, auf den gleichen Stand befinden sich auch seine anderen Accounts (vgl. TenseMakesSense 2018).
85. Die Bertelsmann Stiftung hält die mehrheitlichen Aktienoptionen auf den Bertelsmann Konzern, welcher zu den größten europäischen Medien- und Informationskonzernen gehört (vgl. IndyMedia 2009). Über den jährlich erscheinenden Bericht „Media Perspektiven Basisdaten" der ARD kann die prozentuale Beteiligung des Konzerns auf Printmedien und Onlineportale eingesehen werden (vgl. ARD-Werbung 2018).
86. Eine Übersicht der TeilnehmerInnen, deren Alter, Dauer der Interviews sowie die Themenschwerpunkte befindet sich im Anhang.
87. Weiche Daten sind Datensätze, welche sich nur bedingt messen, quantifizieren oder in Kennzahlen ausdrücken lassen. Sie beschreiben subjektive Eindrücke/Empfindungen und müssen in der Regel (durch eine forschende Person) interpretiert werden (vgl. SOLYP 2019a).
88. Harte Daten sind Datensätze, welche in numerischer Form vorhanden sind und sich dadurch exakt messen und quantifizieren lassen. Sie können objektiv nachgeprüft werden (vgl. SOLYP 2019b).
89. Die Grounded Theory kann den qualitativ sozialwissenschaftlichen Methoden zugeordnet werden, deren Fokus auf lebensweltlichen Phänomenen liegt. Ferner orientiert

sich die Erkenntnisarbeit an Verständnis- und Interpretationsprozessen, welche sich auf die Entwicklung und Ausarbeitung von neuen Theorien konzentrieren (vgl. Breuer u. a. 2019, 2).

90. Der Interviewleitfaden befindet sich im Anhang.
91. Unter sozialer Erwünschtheit wird das Anpassen der Testantworten verstanden, um die Erwartungen der TesterInnen zu erfüllen. Die Befragten versuchen dabei den vermutlichen Erwartungen der forschenden Person gerecht zu werden, wodurch die Ergebnisse verzerrt werden (vgl. Friedrichs 1990, 152).
92. Die #MeToo-Kampagne thematisierte im öffentlichen Diskurs Missbrauchs- und Belästigungsfälle von Frauen, jedoch geriet wiederholt aus dem medialen Fokus, dass Männer nicht pauschal als Täter, sondern auch als Opfer angesehen werden müssen (vgl. Schwarte 2018).
93. Die „Richtlinie über das Urheberrecht im digitalen Binnenmarkt" wurde von den Abgeordneten des Europäischen Parlaments mit insgesamt 348 Ja-Stimmen, 274 Nein-Stimmen und 36 Enthaltungen angenommen. Die EU-Richtlinie muss noch im Europäischen Rat bestätigt werden, dies gilt jedoch als reine Formsache. Nach der Bestätigung haben die Mitgliedsstaaten zwei Jahre Zeit, um die neue Richtlinie im nationalen Recht aufzunehmen (vgl. bpb 2019b).
94. Der Ausdruck Snippets bezeichnet kleine (Zeitungs-)Artikel-Ausschnitte (vgl. bpb 2019b).
95. Ähnlich wie die bereits im universitären Kontext verwendeten Filter der VG Wort (vgl. Rebiger 2016).
96. Die Gesellschaft für musikalische Aufführungs- und mechanische Vervielfältigungsrechte (GEMA) verwaltet die Lizenzen/Nutzungsrechte für urhebergeschützte Musik (vgl. GEMA 2019).
97. Ende 2018 wurde die Agentur Flow:fwd von der Webedia-Group aufgekauft, welcher bereits schon mehrere andere (InfluencerInnen-)Agenturen gehören, wie beispielsweise das Allyance Network (vgl. Fußnote 65; W&V 2018).
98. Vgl. Kapitel 6.2.2 (Genre-Kategorien); Charakteristika des Genres Comedy.
99. Im Jahr 2014 verließen mehrere große YoutuberInnen die Münchner Agentur Mediakraft. LeFloid führte für seinen Weggang den starken kommerziellen Charakter sowie der fehlenden Netzwerk-Gedanke der Agentur an (vgl. Spiegel 2014; Au 2015).
100. Der Verein 301+ wurde durch mehrere (bekannte) YoutuberInnen gegründet, welche den Netzwerkgedanken, das frühere Motto der Plattform („broadcast yourself") sowie kreatives und eigenständiges Arbeiten in den Fokus stellen. Welche YoutuberInnen Vereinsmitglieder sind, lässt sich über die Webseite nicht einsehen (vgl. 301+ 2019).
101. In den großen deutschen Tageszeitungen wurde das Interview durch den Youtuber mit der Bundeskanzlerin vornehmlich als inhaltslos und wenig spektakulär gehandelt. Die allgemeine Meinung lautete, dass sich LeFloid von Merkel zu sehr zu texten ließ und nicht vehement genug nachfragte. Das Interview war durch die Kampagne des, zu dieser Zeit noch amtierenden, US-Präsidenten Barack Obama #YoutubeAsksObama angestoßen worden und zeigt deutlich die zunehmende Bedeutung von sozialen Medien innerhalb des politischen Wahlkampfes (vgl. Schakarian 2015b, LeFloid 2015, Meiritz, Spohn 2015).
102. Seit 2007 findet die Konferenz re:publica, welche sich mit Themen rund um das Web 2.0 beschäftigt, jährlich in Berlin statt (vgl. re:publica 2019).
103. Im Kontext der re:publica 2015 sowie des Vortrages „Hoax-Kamapgnen: Opium fürs Empörungsvolk" wurde die mögliche gesellschaftliche Schädigung durch falsche Meldungen – wie in dem vorgestellten Video von LeFloid geschehen – thematisiert.

Die beiden Vortragenden verwiesen dabei auf die Gefahr hin, dass durch solches Interagieren Vorurteile verstärkt sowie fehlerhafte Weltbilder bestätigt werden (vgl. re:publica 2015, 18:40min- 24:30min).

104. BibisBeautyPalace alias Bianca Claßen gehört mit über 5,6 Millionen Abonnierenden zu den größten und bekanntesten YoutuberInnen in Deutschland. Neben ihren verschiedenen Social-Media-Accounts (Facebook, Twitter, Instagram, You-Now) vertreibt sie mehrere Produktlinien und ist das Gesicht für eine Vielzahl von Werbekampagnen. Negative Berühmtheit erlangte sie 2017 mit ihrer Debüt-Single „How it is (wap bap ...)", wobei sie mit über 1,6 Millionen Dislikes (im Frühjahr 2019 sind es über 2,9 Millionen Dislikes zu knapp 500 Tausend Likes, insgesamt wurde es über 57,6 Millionen Mal aufgerufen (vgl. BibisBeautyPalace 2017) einen Negativrekord aufstellte. Neben ihrer Single wird sie wiederholt in der Öffentlichkeit wegen ihren Geschäftspraktiken (Product-Placement und Affiliate-Links) kritisiert (vgl. Heidböhmer 2017).

105. Das Gefühl, dass die nachfolgende Generation respektloser wird, ist kein neues, sondern ein alt bekanntes Phänomen. Vor den Digital Natives bezog sich diese Generationszuweisung beispielsweise auf die „frühen" Millennials, welche zwischen den 1980er und 1990er-Jahren geboren und aufgewachsen sind (vgl. Peters 2018).

106. Ab welcher Altersstufe Kinder Ironie erkennen können, ist wissenschaftlich und empirisch noch nicht abschließend erörtert worden. Je nach vorliegender Studie variieren die Altersangaben, von acht bis 12 Jahren, erheblich. Generell gilt das Verständnis von Ironie als ein Merkmal emotionaler Intelligenz, welche emphatische Kompetenzen voraussetzt. Laut der Theory of Mind (ToM) können beispielsweise autistische Personen keine Ironie erkennen (vgl. Kainzner 2011; Haug-Schnabel 2012, 8ff.).

107. Durch die neue EU-Urheberrechtsreform wurde der Artikel 13 zum Artikel 17. Die Debatte wurde gesellschaftlich und medial jedoch unter der Bezeichnung „Artikel 13" geführt, weswegen zum besseren Verständnis diese Bezeichnung in den Interviews beigehalten worden ist.

108. Katja Krasavice (24 Jahre) ist seit Anfang 2014 auf Youtube aktiv, hat aktuell circa 1,4 Millionen Abonnierende und produziert hauptsächlich sexuelle Videos. Diese tragen Titel wie „Fans bewerten N*cktbilder von mir (...)" oder „Mein erster P*rno-Dreh" (vgl. Krasavice 2019). In ihren Videos verweist sie wiederholt Jugendliche auf diverse Pornoseiten und verkauft an diese kostenpflichtige Abos (vgl. Lux 2017, Bravo 2018).

109. Im Anschluss des Interviews beschrieb sie mehrere problematische Lehrenden-SuS-Beziehungen sowie ihre selbst wahrgenommene Außenseiterrolle in ihrer Klasse.

110. Die Open Educational Resources (OER) sind Bildungsressourcen, welche Lehrenden und Lernenden kostenlos zur Verfügung stehen. Diese Ressourcen können Lehrpläne, Videos, Podcast und Bücher beinhalten (vgl. Himmelrath, Egbers 2018, 174).

111. Der Begriff Infotainment bezeichnet ein Medienformat, welches die Nutzenden sowohl informieren als auch unterhalten soll (vgl. Duden 2019b).

112. Die Monitoring-Studie ACT ON wird durch das Bundesministerium für Familie, Senioren, Frauen und Jugend (BMFSFJ) gefördert und verläuft in verschiedenen Projektphasen. Das medienpädagogische Forschungs- und Praxisprojekt untersucht das Online-Verhalten von 10- bis 14-Jährigen und fragt dabei beispielsweise nach der Nutzungsweise sowie der Risikobewertung der medialen Angebote durch die befragte Zielgruppe (vgl. ACT ON 2019).

113. Bei der Recherche für diese Arbeit ist jedoch aufgefallen, dass zu diesem speziellen Themengebiet – wie bereits im Vorwort angesprochen– nur wenige Publikationen vorhanden sind und die empirischen sowie analytischen Untersuchungen sich noch in

ihren Anfängen befinden. Empfehlenswert erschienen bei der Bearbeitung der Thematik vor allem die Berichte der Media Perspektiven von ARD/ZDF und die Zeitschrift Publizistik des Springer Verlages. Es gilt allerdings zu erwähnen, dass gezielt nach bestimmten Inhalten und Forschungsergebnissen gesucht werden musste und eine explorative sowie transformative Herangehensweise von Nöten ist.

114. Die Methode der Lerntheke unterstützt eigenverantwortliches Arbeiten von SuS und bietet Möglichkeiten der individuellen Förderung an. Die Auswahl der Arbeitsblätter sowie die Reihenfolge der Bearbeitung können dabei eigenständig festgelegt werden. Durch den Einbau von gestuften Lernhilfen oder unterschiedlichen Anforderungsbereichen ist eine Binnendifferenzierung möglich (vgl. Lehrerfortbildung Baden-Württemberg 2019).

115. Der handlungs- und produktionsorientierte Unterricht (HPV) findet vor allem im Fach Deutsch Verwendung und ist durch eine erhöhte Selbstständigkeit der SuS sowie durch eine ganzheitliche Produktions-, Lern- und Prozessorientierung gekennzeichnet (vgl. Hochstadt u. a. 2013, 135).

116. Die Firma Explainity wurde durch ihre skizzenhaften Erklärvideos, welche im Stil von Storytelling gestaltet sind, bekannt. Sie produzieren vor allem für den gesellschaftlichen, naturwissenschaftlichen, politischen und historischen Bereich kurze Erklärvideos. Bei ihren Videos verfolgen sie den Leitsatz: „Reduzieren statt Trivialisieren“ (Explainity 2019).

117. Anfang Februar 2019 stand die Influencerin Cathy Hummels vor Gericht, weil sie laut Anklage in 15 Fällen nicht auf eine bezahlte Partnerschaft, also auf Product-Placement, bei ihren Posts hingewiesen hatte (vgl. Schneider 2019). Im ZDF-Morgenmagazin wurde ein zweiminütiges Video zu diesem Prozess sowie zu der Frage, was InfluencerInnen in Sachen Werbung dürfen, veröffentlicht, welches als Unterrichteinstieg oder als Einstieg in die Thematik genutzt werden könnte (vgl. ZDF-Morgenmagazin 2019).

III. Literaturverzeichnis

Andrejevic, Marc 2007: iSpy. Surveillance and power in the interactiveera. Kansas.

Anfang, Günther; Demmler, Kathrin 2017: Außerschulische Medienarbeit. In: Schrob, Bernd; Hartung-Griemberg, Anja; Dallmann, Christine (Hrsg.): Grundbegriffe Medienpädagogik. München, S.26-32.

Apel, Juliane 2018: Partizipative Werbekommunikation. Zur Entstehung und Typologisierung kreativer Beteiligungsformen von Konsumenten an der Werbekommunikation. Wiesbaden.

Baacke, Dieter 2013: Medienpädagogik. Tübingen.

Bachl, Marko 2011: Erfolgsfaktoren politischer Youtube-Videos. In: Schweitzer, Eva, Johanna; Albrecht, Steffen (Hrsg.): Das Internet im Wahlkampf. Analysen zur Bundestagswahl 2009. Wiesbaden, S.157-180.

Besand, Anja; Sander, Wolfgang 2010: Handbuch Medien in der politischen Bildung. Schwalbach/Ts.

Besand, Anja 2014: Mit digitalen Medien lernen – Lernprodukte und Lernumgebung. In: Sander, Wolfgang: Handbuch politische Bildung. 4., völlig überarbeitete Auflage. Bonn, S. 474-483.

Biermann; Ralf; Fromme, Johannes; Verständig, Dan 2014: Partizipative Medienkulturen als Transformation von Beteiligungsmöglichkeiten – Einleitung. In: Biermann; Ralf; Fromme, Johannes; Verständig, Dan (Hrsg.): Partizipative Medienkulturen. Positionen und Untersuchung zu veränderten Formen öffentlicher Teilhabe. Wiesbaden, S.7-20.

Bilandzic, Helena; Schramm, Holger; Matthes, Jörg 2015: Medienrezeptionsforschung. Konstanz: UVK Verlagsgesellschaft.

Bohlken, Eike 2018: Medienethik – Verantwortung und Öffentlichkeit. In: Schweppenhäuser, Gerhard: Handbuch der Medienphilosophie. Darmstadt, S.272 – 283.

Breuer, Franz; Muckel, Petra; Dieris Barbara 2019: Reflexive Grounded Theory. Eine Einführung in die Forschungspraxis. 4. Auflage. Wiesbaden.

Brüggen, Niels; Bröckling, Guido 2017: Außerschulische Medienkompetenzförderung. In: Gapski, Harald; Oberle, Monika; Staufer, Walter (Hrsg.): Medienkompetenz. Herausforderung für Politik, politische Bildung und Medienbildung. Bonn, S.155-165.

Buckingham, David 2018: Going Critical. Zu den Problemen und der Notwendigkeit von Medienkritik. In: Niesyto, Horst; Moser, Heinz (Hrsg.): Medienkritik im digitalen Zeitalter. München, S. 45-58.

Burgess, Jean; Green, Joshua 2009: Youtube. Online video an participatory culture. Cambridge.

Busemann, Katrin; Gscheidle, Christoph 2001: Web 2.0. Aktive Mitwirkung verbleibt auf niedrigem Niveau. In: Media Perspektiven (7), S. 360-369.

Detjen, Joachim; Massing, Peter; Richter, Dagmar; Weißeno, Georg 2012: Politikkompetenz – ein Modell. Wiesbaden.

Diethelm, Ira 2015: Medienkunde und Informatische Bildung – Pflicht oder Kür? In: Tagung: Medienkunde als eigenes Schulfach – Neuland in Sicht?, S.26-100.

Döring, Nicola 2015a: Smartphones, Sex und Social Media. In: Televizion. Zielgruppe Jugend. S.12-19.

Döring, Nicola 2015b: Die Youtube-Kultur im Gender-Check. In: Merz Medien + Erziehung. S. 17-24.

Döring, Nicola 2016: Die Bedeutung von Videoplattformen für die Gesundheitskommunikation.

In: Rossmann, Constanze; Hastall, Matthias (Hrsg.): Handbuch Gesundheitskommunikation. Kommunikationswissenschaftliche Perspektiven. Heidelberg.

Döring, Nicola 2017: Online-Sexaufklärung auf Youtube. Bestandsaufnahme und Handlungsempfehlungen für die Sexualpädagogik. In: Zeitschrift für Sexualforschung (4), S.349-367.

Döring, Nicola 2018: „Du bist mein großes Vorbild!“ Rollenmodelle in Sozialen Medien. In: Computer + Unterricht, S. 18-20.

Duncker, Ludwig; Lieber, Gabriel 2013: Bildliteralität und Ästhetische Alphabetisierung. Konzepte und Beispiele für das Lernen im Vor- und Grundschulalter. München.

Ebersbach, Anja; Glaser, Markus; Heigl, Richard 2016: Social Web. 3., überarbeite Auflage. Konstanz.

Eckes, Klaus 2010: Geschlechterstereotypen. Von Rollen, Identitäten und Vorurteilen. In: Becker, Ruth; Kortendiek, Beate (Hrsg.): Handbuch Frauen- und Geschlechterforschung. Theorien, Methoden, Empirie. 3. erweiterte und durchgesehene Auflage. Wiesbaden, S. 179-189.

Eickelmann, Birgit; Gerick, Julia; Bos, Wilfried 2014: Kapitel 1. Die Studie ICILS 2013 im Überblick – Zentrale Ergebnisse und Entwicklungsperspektiven. In: Bos, Wilfried u. a. (Hrsg.): ICILS 2013. Computer- und informationsbezogene Kompetenzen von Schülerinnen und Schülern in der 8. Jahrgangsstufe im internationalen Vergleich. Münster, S.9-32.

Eickelmann, Birgit 2017: Schulische Medienkompetenzförderung. In: Gapski, Harald; Oberle, Monika; Staufer, Walter (Hrsg.): Medienkompetenz. Herausforderung für Politik, politische Bildung und Medienbildung. Bonn, S.146-154.

Eisemann, Christoph 2015: C Walk auf Youtube. Sozialraumkonstruktion, Aneignung und Entwicklung einer digitalen Jugendkultur. Digitale Kultur und Kommunikation. Band 3. Wiesbaden.

Emmer, Martin 2017: Soziale Medien in der politischen Kommunikation. In Taddicken, Monika; Schmidt, Jan-Hinrik (Hrsg.): Handbuch Soziale Medien. Wiesbaden, S. 81-100.

Engel, Bernhard; Best, Stefanie 2012: Stream, Audio und Page – die Rezeptionsformen in der konvergenten Medienwelt. Analyse auf Basis der ARD / ZDF-Langzeitstudie Massenkommunikation. In: Media Perspektiven (2), S.62-71.

Espositio, Elena 2010: Ästhetik und Spiel. In: Pietraß, Manuela; Funiok, Rüdiger (Hrsg.): Mensch und Medien. Philosophische und sozialwissenschaftliche Perspektiven. Wiesbaden, S. 159-177.

Filipović, Alexander 2016: Ethik der TV-Unterhaltung. In: Heese, Jessica (Hrsg.): Handbuch Medien- und Informationsethik. Stuttgart, S.325-330.

Foucault, Michael 1997: Überwachen und Strafen. Die Geburt des Gefängnisses. 19. Auflage. Frankfurt am Main.

Friedrichs, Jürgen 1990: Methoden empirischer Sozialforschung. Wiesbaden.

Fritzsche, Bettina 2010: Sozialisation und Geschlecht in der Medienkultur. In: Hoffmann, Dagmar; Mikos, Lothar (Hrsg.): Mediensozialisationstheorien. 2. überarbeite und erweiterte Auflage. Wiesbaden, S.167-184.

Fuchs, Christian; Kees, Boersma; Albrechtslund, Anders; Sandoval, Marisol 2012: Introduction. In: dies.: Internet and survillance. The challenges of Web 2.0 and social media. New York, S.1-28.

Funiok, Rüdiger 2011: Medienethik. Verantwortung in der Mediengesellschaft. 2., durchgeschaute und aktualisierte Auflage. Stuttgart.

Ganguin, Sonja 2004: Medienkritik. Kernkompetenz unserer Mediengesellschaft. In: Ludwigsburger Beiträge zur Medienpädagogik (6), S.1-7.

Gansel, Carsten 2018: Ausgewählte Probleme der Literaturwissenschaft und der Literaturdidaktik. WS 2018/2019. Vorlesung: Das Bilderbuch. Gießen.

Gebel, Christa; Schubert, Gisela; Grimmeisen, Lilian; Wagner, Ulrike 2016: „...dieser Youtuber, der hat ganz viele krasse Maps bei Minecraft gefunden." Youtube-Stars, Games und Kosten aus Sicht von 10- bis 12-Jährigen. Ausgewählte Ergebnisse der Monitoringstudie. In: JFF – Institut für Medienpädagogik in Forschung und Praxis.

Gebel, Christa; Brüggen, Nils 2017: „... und schreibt einfach in die Kommentare #Schüler!" Youtube-Genres der Zehn- bis Vierzehnjährigen. Problemorientierte Medienanalyse. Ausgewählte Ergebnisse der Monitoringstudie. In: JFF – Institut für Medienpädagogik in Forschung und Praxis.

Geipel, Andrea 2018: Wissenschaft@Youtube. Plattformspezifische Formen von Wissenschaftskommunikation. In: Lettkemann, Eric; Wilke, Rene; Knoblauch, Hubert (Hrsg.): Knowledge in Action. Neue Formen der Kommunikation in der Wissensgesellschaft. Wiesbaden, S. 137-164.

Geißler, Rainer 2011: Die Sozialstruktur Deutschlands. Zur gesellschaftlichen Entwicklung mit einer Bilanz zur Vereinigung. 6. Auflage Wiesbaden.

Gerhards, Maria; Klinger, Walter; Trump, Thilo 2008: Das Social Web aus Rezipientensicht: Motivation, Nutzung und Nutzertypen. In: Zerfaß, Ansgar (Hrsg.): Kommunikation, Partizipation und Wirkungen im Social Web. 1. Grundlagen und Methoden: Von der Gesellschaft zum Individuum. Köln, S.129-148.

Glaser, Barney; Strauss, Anselm 1967: The discovery of grounded theory. Strategies for qualitative research. New York: Aldine.

Göttlich, Udo; Heinz, Luise; Herbers, Martin 2017: Einleitung. Ko-Orientierung in der Medienrezeption. Praktiken der Second-Screen-Nutzung. In: Göttlich, Udo; Heinz, Luise; Herbers, Martin (Hrsg.): Ko-Orientierung in der Medienrezeption. Praktiken der Second-Screen-Nutzung. Wiesbaden, S.1-8.

Götz, Maya 2016: Super dünn, super sexy und zu allem bereit. Hypersexualisierung im Kinder- und Jugendfernsehen und ihre Folgen. In: Communication Socialis 49. (3), S.258-268.

Haas, Sabine; Trump, Thilo; Gerhards, Maria; Klingler, Walter 2007: Web 2.0: Nutzung und Nutzertypen. In: Media Perspektiven (4), S.215-222.

Hagedorn, Jörg 2014: Jugend, Schule und Identität. Eine Einführung in das Themenfeld. In: ders. (Hrsg.): Jugend, Schule und Identität. Selbstwerdung und Identitätskonstruktion im Kontext Schule. Wiesbaden, S.17-28.

Hagen, Wolfgang 2018: Facebook & Google entflechten? Warum digitale Medienmonopole eine Gefahr für die Demokratie sind. In: Aus Politik und Zeitgeschichte. Medienpolitik, S.29-34.

Haug-Schnabel, Gabriele 2012: Umgang mit Ironie. In: DGUV Kinder. (4), S. 8-10.

Heesen, Jessica 2016: Einleitung. In: Heesen, Jessica (Hrsg.): Handbuch Medien- und Informationsethik. Stuttgart, S.2-8.

Hegelich, Simon 2016: Invasion der Meinungs-Roboter. Berlin.

Hepp, Andreas; Berg, Matthias; Roitsch, Cindy 2014: Mediatisierte Welten der Vergemeinschaftung. Kommunikative Vernetzung und das Gemeinschaftsleben junger Menschen. Wiesbaden.

Hepp, Andreas; Hasebrink, Uwe 2014: Kommunikative Figurationen – ein Ansatz zur Analyse der Transformation mediatisierter Gesellschaften und Kulturen. In: Stark, Birgit (Hrsg.): Von der Gutenberg-Galaxis zur Google-Galaxis. Alte und neue Grenzvermessungen nach 50 Jahren DGPuK. Konstanz, S.345-362.

Hessisches Kultusministerium 2011a: Bildungsstandards und Inhaltsfelder. Das neue Kerncurriculum für Hessen. Sekundarstufe I – Hauptschule. Politik und Wirtschaft. Wiesbaden.

Hessisches Kultusministerium 2011b: Bildungsstandards und Inhaltsfelder. Das neue Kerncurriculum für Hessen. Sekundarstufe I – Realschule. Politik und Wirtschaft. Wiesbaden.

Hessisches Kultusministerium 2011c: Bildungsstandards und Inhaltsfelder. Das neue Kerncurriculum für Hessen. Sekundarstufe I – Gymnasium. Politik und Wirtschaft. Wiesbaden.

Himmelrath, Armin; Egbers, Julia 2018: Fake News. Ein Handbuch für Schule und Unterricht. Bern.

Hipeli, Eveline 2012: Netzguidance für Jugendliche. Chancen und Grenzen der Internetkompetenzförderung und ihre Vermittlung. Wiesbaden.

Hochstadt, Christiane; Krafft, Andreas; Olsen, Ralph 2013: Deutschdidaktik. Konzeptionen für die Praxis. Tübingen.

Hoffmann, Dagmar; Mikos, Lothar 2010: Mediensozialisationstheorien. Modelle und Ansätze in der Diskussion. 2., überarbeitete und erweiterte Auflage. Wiesbaden.

Hummrich, Merle; Kramer, Rolf-Torsten 2017: Schulische Sozialisation. Wiesbaden.

Hurrelmann, Bettina 2003: Kindermedien als Chance zum Erwerb von Medienkompetenz. In: Hurrelmann, Bettina; Becker, Susanne (Hrsg.): Kindermedien nutzen. Medienkompetenz als Herausforderung für Erziehung und Unterricht. Köln, S.11-28.

Hurrelmann, Klaus; Bauer, Ulrich 2018: Einführung in die Sozialisationstheorie. Das Modell der produktiven Realitätsverarbeitung. 12. Auflage. Weinheim.

Hwang, Tim 2017: Digitale Desinformation. Grundlagen. Berlin.

Jäckel, Michael 2010: Was unterscheidet Mediengenerationen? Theoretische und methodische Herausforderungen der Medienentwicklung. In: Media Perspektiven (5), S. 247-257.

Jandura, Olaf; Karnowski, Veronika 2015: Digital Natives vs. Digital Immigrants – fruchtbares empirisches Konzept für die Kommunikationswissenschaft oder populärwissenschaftliche Fiktion? In: Publizistik. Wiesbaden, S.63-79.

Kammler, Rudolf 2009: Medienpädagogik in der Lehrerbildung - Fehlanzeige? In: Tendenz Heft (4), S.12-14.

Kainzner, Susanne 2011: Theory of Mind. Verständnis für Ironie und Lügen sowie weitere Faktoren im Einflussbereich neurologischer Erkrankungen. Diplomarbeit. Fakultät für Psychologie. Universität Wien.

Karnowski, Veronika 2017: Diffusionstheorie. 2., aktualisierte Auflage. Baden-Baden.

Keupp, Heiner 2017: Identität. In: Schrob, Bernd; Hartung-Griemberg, Anja; Dallmann, Christine (Hrsg.): Grundbegriffe Medienpädagogik. München, S.153-159.

Keyling, Till 2017: Kollektives Gatekeeping. Die Herstellung von Publizität in Social Media. Wiesbaden.

Klaus, Elisabeth 2005: Kommunikationswissensschaftliche Geschlechterforschung. Zur Bedeutung der Frau in den Massenmeiden und im Journalismus. Wien.

Kim, Jin 2012: The institutionalization of Youtube. From user-generated content to professionally generated content. In: Media, Culture & Soceity (34), S. 53-67.

Kneuer, Marianne 2017: Politische Kommunikation und digitale Medien in der Demokratie. In: Gapski, Harald; Oberle, Monika; Staufer, Walter (Hrsg.): Medienkompetenz. Herausforderung für Politik, politische Bildung und Medienbildung. Bonn, S.43-52.

Knop, Karin 2017: Social Media. In: Schrob, Bernd; Hartung-Griemberg, Anja; Dallmann, Christine (Hrsg.): Grundbegriffe Medienpädagogik. München, S.375-378.

Koch, Peter; Österreicher, Wulf 2010: Sprache der Nähe – Sprache der Distanz. Mündlichkeit und Schriftlichkeit im Spannungsfeld von Sprachtheorie und Sprachgeschichte. In: Universität Hamburg; Universität Köln: Romanistisches Jahrbuch. Berlin, S.15-43.

Köberer, Nina 2015: Pubertierende Stiftung Warentest. Von Jugendlichen für Jugendliche: Ein medienethischer Blick auf Haul-Videos. In: Communication Socialis 48/3, S.265-275.

Korte, Karl-Rudolf; Regge, Sophia 2016: Politische Kommunikation in der Vergleichenden Politikwissenschaft. In: Lauth, Hans-Joachim; Keuer, Marianne, Pickel, Gert (Hrsg.): Handbuch Vergleichende Politikwissenschaft. Wiesbaden, S.601-614.

Krappmann, Lothar 2005: Sozilogische Dimensionen der Identität. Strukturelle Bedingungen für die Teilnahme an Interaktionsprozessen. 10. Auflage. Stuttgart.

Krüger, Thomas; Uzunoff, Matthias 2017: Politische Bildung. In: Schrob, Bernd; Hartung-Griemberg, Anja; Dallmann, Christine (Hrsg.): Grundbegriffe Medienpädagogik. München, S.346-349.

Kübler, Hans-Dieter 2010: Medienwirkung versus Mediensozialisation. In: Vollbrecht, Ralf; Wegener, Claudia (Hrsg.): Handbuch Mediensozialisation. Wiesbaden, S.17-31.

Kübler, Hans-Dieter 2018: Prämissen und Paradigmen von Medienkritik. Versuch einer Kategorisierung. In: Niesyto, Horst; Moser, Heinz (Hrsg.): Medienkritik im digitalen Zeitalter. München, S. 15-32.

Kupferschmitt, Thomas 2015: Bewegtbildnutzung nimmt weiter zu – Habitualisierung bei 14- bis 29-Jährigen. In: Media Perspektiven (9), S.383-391.

Lange, Patricia 2009: Videos of Affinitiy on Youtube. In: Snickars, Pelle (Hrsg.): The Youtube Readers. Stockholm, S.70-88.

Leister, Oliver 2017: Soziale Medien als Technologien der Überwachung und Kontrolle. In Taddicken, Monika; Schmidt, Jan-Hinrik (Hrsg.): Handbuch Soziale Medien. Wiesbaden, S. 233-250.

Leschke, Rainer 2007: Einführung in die Medientheorie. München.

Li, Charlene; Bernoff, Josh 2011: Groundswell, Expanded and Revised Edition. Winnig in a World Transformedby Social Technologies. USA: Forrest Research.

Lossau, Norbert 2017: Gefährden Fake News die Demokratie? In: Konrad Adenauer Stiftung: Analyse & Argumente. Berlin.

Lucke, Renate 2017: Digitale Erlebnisräume. Der Fall Sarrazin auf Youtube und Vimeo. Zwischen den Welten. Band 12. Göttingen.

Lück, Anne-Katrin 2013: Der gläserne Mensch im Internet. Ethische Reflexion zur Sichtbarkeit, Leiblichkeit und Personalität in der Online-Kommunikation. Stuttgart.

Manzel, Sabine 2017: Medienkompetenz als eine Schlüsselkompetenz für politische Urteils- und Handlungsfähigkeit. In: Gapski, Harald; Oberle, Monika; Staufer, Walter (Hrsg.): Medienkompetenz. Bonn, S. 207-217.

Maurer, Marcus 2011: Wirkung der Medien aus Sicht der Gesellschaft. In: Informationen zur Politischen Bildung. Massenmedien. Heft 309, Bonn, S.65-67.

Massing, Peter 2012: Die vier Dimensionen der Politikkompetenz. In: Aus Politik und Zeitgeschichte. Politische Bildung, S.23-28.

Mayrberger, Kerstin 2014: Partizipative Mediendidaktik. Inwiefern bedarf es im Kontext einer partizipativen Medienkultur eine spezifischen Mediendidaktik? In: Biermann; Ralf; Fromme, Johannes; Verständig, Dan (Hrsg.): Partizipative Medienkulturen. Positionen und Untersuchung zu veränderten Formen öffentlicher Teilhabe. Wiesbaden, S. 261-282.

Mayring, Philipp 2015: Qualitative Inhaltsanalyse. In: Flick, Uwe (Hrsg.): Qualitative Forschung. Ein Handbuch. 11. Auflage. Reinbeck, S.468-474.

McStay, Andrew 2011: The mood of information. A critique of online behavioural adverstising. New York.

Mead, George Herbert 2013: Geist, Identität und Gesellschaft. Aus der Sicht des Sozialbehaviorismus. 17. Auflage. Frankfurt am Main.

Misoch, Sabina 2015: Qualitative Interviews. Berlin.

Mpfs (Medienpädagogischer Forschungsverbund Südwest) 2015: JIM-Studie 2015. Basisuntersuchung zum Medienumgang 12- bis 19-Jähriger. Stuttgart.

Mpfs (Medienpädagogischer Forschungsverbund Südwest) 2018: JIM-Studie 2018. Basisuntersuchung zum Medienumgang 12- bis 19-Jähriger. Stuttgart.

Mpfs (Medienpädagogischer Forschungsverbund Südwest) 2020: JIM-Studie 2020. Basisuntersuchung zum Medienumgang 12- bis 19-Jähriger. Stuttgart.

Neuberger, Christoph 2018: Was erwartet die Gesellschaft vom Internet – und was erhält sie? Ein normativer Kompass für Gestaltung und Regulierung. Berlin.

Niesyto, Horst 2017: Medienkritik. In: Schrob, Bernd; Hartung-Griemberg, Anja; Dallmann, Christine (Hrsg.): Grundbegriffe Medienpädagogik. München, S.266-272.

Niesyto, Horst 2018: Medienkritik. Entwicklungslinien und aktuelle Herausforderungen. In: Niesyto, Horst; Moser, Heinz (Hrsg.): Medienkritik im digitalen Zeitalter. München, S.59-76.

Niesyto, Horst; Moser, Heinz 2018: Vorwort der Herausgeber. In: dies.: Medienkritik im digitalen Zeitalter. München, S. 7-10.

Nuxoll, Florian 2017: Eine Reise zu den „Digital Natives". Wegweiser für Lehrende und Eltern. Braunschweig.

Öhmichen, Eckhardt; Schröter, Christian 2009: Zur Differenzierung des Medienhandels der jungen Generation. Eine Analyse auf Basis der ARD/ZDF-Onlinestudie 2009. In: Media Perspektiven (8), S. 432-450.

Otto, Kim; Scheuerer, Hans; Vogel, Jochen 2012: Das Medienlexikon. Begriffe, Zusammenhänge, Institutionen. Bonn.

Palfrey, John; Gasser, Urs 2008: Generation Internet. Die Digital Natives: wie sie leben – was sie denken – was sie arbeiten. München.

Paus-Hasebrink, Ingrid; Trülzsch-Wijnen, Christine; Jadin, Tanja 2010: Opportunities of Web 2.0: Potentials of learning. In: International Journal of Media & Cultural Politics, 1(6) 2010, S. 45–62.

Paus-Hasebrink, Ingrid 2015: Mediensozialisation in sozial benachteiligten Familien. Das Beispiel jüngere Kinder. In: Merz: Merz + Erziehung (2), S. 17-25.

Pech, Klaus-Ulrich 2003: Informationsnagebot in der Medienvielfalt – Belastung oder Entlastung der Schule? In: Hurrelmann, Bettina; Becker, Susanne (Hrsg.): Kindermedien nutzen. Medienkompetenz als Herausforderung für Erziehung und Unterricht. Köln, S.45-59.

Peter, David; Himmelreich, Sascha; Koch, Thomas 2016: Youtuber Relations. Wie Unternehmen und Youtuber voneinander profitieren. In: PrMagazin (3), S.50-56.

Politikum 2018: Analysen, Kontroversen, Bildung: Vierteljahresschrift. Interview: Demokratiebildung im Netz? Interview zur Influencer-Kampagne der Bertelsmann Stiftung. In: Politikum. Analysen, Kontroversen, Bildung: Vierteljahresschrift. Frankfurt am Main. S.36-41.

Prensky, Marc 2001: Digital Natives, Digital Immigrants. A new way to look at ourself and our kids. Camford.

Prinizing, Marlis 2016: Qualität im Journalismus. In: Heese, Jessica (Hrsg.): Handbuch Medien- und Informationsethik. Stuttgart, S.106-113.

Rath-Wiggins, Linda 2017: Wahlspots im Social Web. Eine medienwissenschaftliche Analyse der visuellen Wahlkampfkommunikation aus Youtube während der Bundestagswahl 2009. Bonn: Friedrich-Wilhelms-Universität. Nicht veröffentlichte Dissertation.

Reiger, Horst 1997: Face-to-Face Interaktion. Ein Beitrag zur Soziologie Erving Goffmans. 2. durchgesehene Auflage. Frankfurt am Main.

Reinders, Heinz 2016: Qualitative Interviews mit Jugendlichen führen. Ein Leitfaden. 3., durchgesehene und erweiterte Auflage. Berlin.

Röbken, Heinke, Wetzel, Kathrin 2016: Qualitative und quantitative Forschungsmethoden. Oldenburg: Carl von Ossietzky Universität Oldenburg.

Röll, Franz Josef 2013: Fachkräfte als Zielgruppe. Aus- und Weiterbildung von pädagogischen Fachkräften. In: Bundesministerium für Familie, Senioren, Frauen und Jugend (Hrsg.): Medienkompetenzförderung für Kinder und Jugendliche. Eine Bestandsaufnahme. Berlin, S.84-94.

Russ-Mohl, Stephan 2017: Die informierte Gesellschaft und ihre Feinde. Köln.

Schatto-Eckrodt, Tim; Boberg, Svenja; Frischlich, Lena; Quandt, Thorsten 2018: Gefälschte Nachrichten, gefälschte Nutzer. Wie gefährlich sind Fake News und Social Bots? In: Politikum. Analysen, Kontroversen, Bildung: Smart Democracy. Frankfurt am Main, S. 42-49.

Sander, Wolfgang 2017: Von der Medienkompetenz zur Medienkritik? Plädoyer für eine Neuorientierung im Umgang mit digitalen Medien in der politischen Bildung. In: Gloe, Markus; Oeftering, Tonio (Hrsg.): Perspektiven auf den Politikunterricht heute. Vom sozialwissenschaftlichen Sachunterricht bis zur Politiklehrerausbildung. Baden-Baden, S. 129-148.

Schell, Fred 1989: Aktive Medienarbeit mit Jugendlichen. Theorie und Praxis. Opladen.

Schmidt, Jan-Hinrik 2016: Ethik des Internets. In: Heesen, Jessica (Hrsg.): Handbuch Medien- und Informationsethik. Stuttgart, S.284-292.

Schmidt, Jan-Hinrik 2018: Social Media. 2. Auflage. Wiesbaden.

Schrob, Bernd 1995: Medienalltag und Handeln. Medienpädagogik im Spiegel der Geschichte, Forschung und Praxis. Opladen.

Schrob, Bernd; Keilhauer, Jan; Würfel, Maren; Kießling, Matthias 2008: Medienkonvergenz Monitoring Report 2008. Jugendliche in konvergierenden Medienwelten. Leipzig.

Schweppenhäuser, Gerhard 2018: Zum Begriff der Vermittlung bei Adorno. In: ders. (Hrsg.): Handbuch der Medienphilosophie. Darmstadt, S.117-124.

Siebenaler, Anouk; Hasebrink, Uwe 2017: Modi der Multiscreen-Nutzung. Eine Untersuchung von Praktiken der Kombination verschiedener Bildschirme. In: Göttlich, Udo; Heinz, Luise; Herbers, Martin (Hrsg.): Ko-Orientierung in der Medienrezeption. Praktiken der Second-Screen-Nutzung. Wiesbaden, S. 69-88.

Spanhel, Daniel 2014: Der Prozess der Medienbildung auf der Grundlage von Entwicklungen, Lernen und Erziehung. In: Marotzki, Winfried; Meder, Norbert (Hrsg.): Perspektiven der Medienbildung. Wiesbaden, S.121-148.

Spanhel, Daniel 2017: Mediale Bildungsräume – Spielräume der Freiheit in realen und virtuellen Lebenswelten? In: Medien Pädagogik- Zeitschrift für Theorie und Praxis der Medienbildung.

Spanhel, Daniel 2018: Medienkritik aus der pädagogischen Perspektive. Kritik der medialen Betrachtung des Aufwachsens unserer Kinder und Jugendlichen. In: Niesyto, Horst; Moser, Heinz (Hrsg.): Medienkritik im digitalen Zeitalter. München, S. 109-124.

Stehling, Miriam; Thomas, Tanja 2017: Mediensozialisation. In: Schrob, Bernd; Hartung - Griemberg, Anja; Dallmann, Christine (Hrsg.): Grundbegriffe Medienpädagogik. München, S.300-307.

Stempfhuber, Martin; Wagner, Elke 2019: Einleitung. In: Stempfhuber, Martin; Wagner, Elke (Hrsg.): Praktiken der Überwachten. Öffentlichkeit und Privatheit im Web 2.0. Wiesbaden, S.1-16.

Süss, Daniel 2004: Mediensozialisation von Heranwachsenden. Dimensionen – Konstanten – Wandel. Wiesbaden.

Süss, Daniel 2008: Mediensozialisation und Medienkompetenz. In: Batinic, Bernad; Appel, Markus (Hrsg.): Medienpsychologie. Berlin, S.362- 378.

Süss, Daniel; Lampert, Claudia; Trültzsch-Wijnen, Christine 2018: Medienpädagogik. Ein Studienbuch zur Einführung. 3. Auflage. Wiesbaden.

Sutter, Tilmann 2010: Medienkompetenz und Selbstsozialisation im Kontext Web 2.0. In: Herzig, Bardo; Meister, Dorothee; Moser, Heinz; Nieysto, Horst (Hrsg.): Jahrbuch Medienpädagogik 8. Medienkompetenz und Web 2.0. Wiesbaden, S.41-58.

Taddicken, Monika; Schmidt, Jan-Hinrik 2017a: Entwicklung und Verbreitung sozialer Medien. In: dies.: Handbuch Soziale Medien. Wiesbaden, S. 3-22,

Taddicken, Monika; Schmidt, Jan-Hinrik 2017b: Soziale Medien: Funktionen, Praktiken, Formationen. In: dies.: Handbuch Soziale Medien. Wiesbaden, S. 23-38.

Tapscott, Dan 1998: Net kids. Die digitale Generation erobert Wirtschaft und Gesellschaft. Wiesbaden.

Theunert, Helga 2011: Aktuelle Herausforderungen für die Medienpädagogik. In: Aus Politik und Zeigeschichte. Jugend und Medien (3), S.24-29.

Thiele, Martina 2016: Medien und Stereotype. In: Aus Politik und Zeitgeschichte.

Thomas, Angela 2007: Youth Online. Identity and Literacy in the Digital Age. Bern.

Tillmann, Angela 2008: Identitätsspielraum Internet. Lernprozesse und Selbstbildungspraktiken von Mädchen und jungen Frauen in der virtuellen Welt. Weinheim.

Trottier, Daniel 2012: Social media as surveillance on the Internet. Rethinking visibility in a converging world. Farnham.

Van Dijcke, Jose 2013: The Culture of Connectivity. A Critical History of Social Media, Oxford.

Vorderer, Peter 2015: Der mediatisierte Lebenswandel. Permanently online, permanently connected. In: Publizistik. Wiesbaden, S. 259-276.

Vowe, Gerhard 2006: Politische Kommunikation. In: Münkler, Herfried (Hrsg.): Politikwissenschaft. Ein Grundkurs. 2. Auflage. Reinbek, S.519-552.

Waller, Gregor, Willemse, Isabel; Genner, Sarah; Lilian, Suter; Süss, Daniel 2016: JAMES – Jugend, Aktivitäten, Medien – Erhebung Schweiz. Ergebnisbericht zur JAMES-Studie 2016. Zürich: Züricher Hochschule für Angewandte Wissenschaft.

Wegener, Claudia 2010: Identität. In: Vollbrecht, Ralf; Wegener, Claudia (Hrsg.): Handbuch Mediensozialisation. Wiesbaden, S.55-63.

Williams, Raymond 2004: Television. Technology and Cultural Form. 3. Auflage. London.

Witt, Claudia de 2000: Medienbildung für die Netz-Generation. In: Medien Pädagogik: Zeitschrift für Theorie und Praxis der Medienbildung. Vol. 1. Zürich, S. 1-12.

Wolf, Karsten 2015: Erklärvideos auf Youtube. Produzieren Jugendliche und junge Erwachsene ihr eigenes Bildungsfernsehen? In: Television (1). S.35-39.

Wolf, Karsten 2017: Videoportale. In: Schrob, Bernd; Hartung-Griemberg, Anja; Dallmann, Christine (Hrsg.): Grundbegriffe Medienpädagogik.München, S. 395-400.

Würfel, Maren 2012: Ich, Wir und die Anderen. In: Stapf, Ingrid (Hrsg.): Kinder im Social Web. Qualität in der Kinder Medien Kultur. Baden-Baden, S. 89-102.

Ziegler, Manuel 2016: Sicher in sozialen Netzwerken. Von Cybermobbing bis hin zur staatlichen Überwachung. München.

IV. Quellenverzeichnis

Ackermann, Judtih 2018: Bewegtbildung 2018 – Politische Bildungsarbeit mit Jugendlichen im Social Web. Online verfügbar unter: https://www.Youtube.com/watch?v=Hq_uwtWv_CU&list=PL7q4Piy_Gdg7lLmG2kIHJBdbAAeNwECr&index=2, zuletzt aktualisiert am: 05.10.2018; letzter Zugriff: 24.05.2019.

ACT ON 2019: Was ist ACT ON!? Online verfügbar unter: https://act-on.jff.de, zuletzt aktualisiert am: keine Angaben; letzter Zugriff: 29.04.2019.

Alexa 2019: Youtube.com Traffic Statistics. Online verfügbar unter https://www.alexa.com/site info/Youtube.com, zuletzt aktualisiert: 15.04.2019; letzter Zugriff: 17.04.2019.

ApeCrime 2016: Worauf stehen Männer bei Frauen? – mit MELINA. Online verfügbar unter: https://www.Youtube.com/watch?v=LXIErVD7Dj0, zuletzt aktualisiert: 07.01. 2016; letzter Zugriff: 17.04.2019.

ApeCrime 2019: Youtube-Profil-Seite. Online verfügbar unter: https://www.Youtube.com/user/ApeCrimeReloaded/about, zuletzt aktualisiert: keine Angabe; letzter Zugriff: 17.04.2019.

ARD-Werbung 2019: Daten zur Mediensituation in Deutschland 2018. Online verfügbar unter: https://www.ard-werbung.de/fileadmin/user_upload/media-perspektiven/pdf /2019/Basisdaten_Inhaltsverzeichnis_2018.pdf, zuletzt aktualisiert: keine Angaben; letzter Zugriff: 17.04.2019.

Au, Caspar von 2015: „Daaruum“ verlässt Netzwerk Mediakraft. Online verfügbar unter: https://www.sueddeutsche.de/digital/abwandern-von-Youtube-stars-me-diakraft-ohne-froesche-aus-dem-all-1.2549493, zuletzt aktualisiert: 01.07. 2015; letzter Zugriff: 20.04.2019.

Barbie 2019: Youtube-Profil-Seite. Online verfügbar unter: https://www.youtube.com/user/barbie/about, zuletzt aktualisiert: keine Angaben; letzter Zugriff: 24.05.2019.

Beer, Kristina 2016: Störerhaftung: Handelsverband fordert Änderung des Internetrechts. Online verfügbar unter: https://www.heise.de/newsticker/meldung/Stoererhaftung-Handelsverband-fordert-Aenderung-des-Internetrechts-3057344.html, zuletzt aktualisiert am: 04.01.2016, letzter Zugriff: 09.06.2019.

Bertelsmann Stiftung 2019: Engagement fördern. „jugendbewegt – Für Engagement und Demokratie.“ Online verfügbar unter: https://www.bertelsmann-stiftung.de/de/unsere--projekte/jungbewegt/projektbeschrebung, zuletzt aktualisiert: keine Angaben; letzter Zugriff: 17.04.2019.

BibisBeautyPalace 2017: Bibi H. – How it is (wap bap…) (Official Video). Online verfügbar unter: https://www.Youtube.com/watch?v=4gSOMba1UdM, zuletzt aktualisiert am 05.05.2017; letzter Zugriff: 12.05.2019.

Braun, Sven 2016: Politische Bildung auf Youtube. Zwischen Beutelsbacher Konsens und LeFloid. Online verfügbar unter: https://netzpolitik.org/2016/politische-bildung-auf-Youtube-zwischen-beutelsbacher-konsens-und-lefloid/, zuletzt aktualisiert am: 30.09.2016; letzter Zugriff: 24.05.2019.

Bravo 2018: Katja Krasavice. Neuer Nackt-Kalender. Online verfügbar unter: https://www. bravo de/katja-krasavice-neuer-nackt-kalender-379691.html, zuletzt aktualisiert am: 16.10.2018, letzter Zugriff: 15.05.2019.

Bundesministerium für Bildung und Forschung (bmbf) 2019: ICILS – International Computer an Information Literacy Study. Online verfügbar unter: https://www.bmbf.de/de/icils-international-computer-and-information-literacy-study-921.html, zuletzt aktualisiert: keine Angaben; letzter Zugriff: 24.04.2019.

BPB 2017: Was sind Social Bots? Online verfügbar unter: http://www.bpb.de/252585/was-sind-social-bots, zuletzt aktualisiert am:14.07.2017; letzter Zugriff:05.05.2019.

BPB 2019a: Medien- Die „vierte Gewalt?“. Online verfügbar unter: https://www.bpb.de/politik/grundfragen/deutsche-verhaeltnisse-eine-sozialkunde/138737/medien, zuletzt aktualisiert: keine Angaben; letzter Zugriff: 17.04.2019.

BPB 2019b: EU-Urheberrechtsreform: Mehr Gerechtigkeit oder Zensur? Online verfügbar unter: http://www.bpb.de/politik/hintergrund-aktuell/287108/eu-urheberrechtsreform, zuletzt aktualisiert am 26.03.2019; letzter Zugriff: 01.04.2019.

CityVee 2019: Dein Kanal für die Stadt. Online verfügbar unter: http://www.city-vee.de, aktualisiert: keine Angaben; letzter Zugriff: 25.05.2019.

Creators Academy Youtube 2019: Lektion: Wer sieht sich meinen Kanal an? Online verfügbar unter: https://creatoracademy.Youtube.com/page/lesson/discoverability-analytics ?hl=de#strategies-zippy-link-2, zuletzt aktualisiert: keine Angaben; letzter Zugriff: 17.04.2019.

CrimeShop 2019: Startseite. Online verfügbar unter: https://www.crime-shop.de; zuletzt aktualisiert: keine Angaben; letzter Zugriff: 17.04.2019.

Dandc 2007: Begriffserklärung. Hilfe zur Selbsthilfe. Online verfügbar unter: https://www.dandc.eu/de/article/begriffsklaerung-hilfe-zur-selbsthilfe, zuletzt aktualisiert am 21.12.2007; letzter Zugriff: 04.05.2019.

Der Standard 2019: EU-Kommission verhängt 1,5-Milliarden-Kartellstrafe gegen Google. Online verfügbar unter: https://derstandard.at/2000099872907/EU-Kommission-verhaengt-1-5-Milliarden-Kartellstrafe-gegen-Google, zuletzt aktualisiert: 20.03.2019, letzter Zugriff: 17.04.2019.

DSGVO-Gesetz 2019: DSGVO Bußgelder/Strafen. Online verfügbar unter: https://dsgvo-gesetz.de/themen/bussgelder-strafen/, zuletzt aktualisiert: keine Angaben; letzter Zugriff: 17.04.2019.

Duden 2019a: Mediatisierung. Online verfügbar unter: https://www.duden.de/rechtschreibung/Mediatisierung; zuletzt aktualisiert am: keine Angaben; letzter Zugriff: 31.05.2019.

Duden 2019b: Infotainment, das. Online verfügbar unter: https://www.duden.de/rechtschreibung/Infotainment; zuletzt aktualisiert am: keine Angaben; letzter Zugriff: 05.05.2019.

eRecht24 2019: PayPal: Verbraucherzentrale verklagt PayPal wegen Kontosperrungen und AGB-Klauseln. Online verfügbar unter: https://www.e-recht24.de/news/ecom.-merce/7545-paypal-verbraucherzentralen-verklagt-paypal-wegen-kontosperrungen-und-agb-klauseln.amp.html, zuletzt aktualisiert: keine Angaben; letzter Zugriff: 17.04.2019.

Eur-Lex 2016: Richtlinie (EU) 2016/680 des europäischen Parlaments und des Rates vom 27.April 2016. Online verfügbar unter: https://eur-lex.europa.eu/legal-content/DE/TXT/?uri=CELEX:32016L0680, zuletzt aktualisiert: 04.05.2016; letzter Zugriff: 17.04.2019.

EsKay 2017: „Wir müssen reden…“. Online verfügbar unter: https://www.youtube .com/watch?v=7oXiUciEQOk&feature=youtu.be, zuletzt aktualisiert: 07.09.2017, letzter Zugriff: 17.04.2019; letzter Zugriff: 17.04.2019

EsKay 2019: Youtube-Profil-Seite. Onliner verfügbar unter: https://www.youtube.com/user/EsKayZockt/videos, zuletzt aktualisiert: keine Anga-ben; letzter Zugriff: 17.04.2019.

Explainity 2019: Erklärvideos und Experten für Komplexitätsreduktion. Online verfügbar unter: https://www.explainity.de, zuletzt aktualisiert: keine Angaben; letzter Zugriff: 29.04.2019.

FirstDraft 2019: Startseite. Online verfügbar unter: https://de.firstdraftnews.org; zuletzt aktualisiert: keine Angaben, letzter Zugriff: 26.04.2019.

Fräulein Chaos 2017: Populismus vs. Flüchtlinge. Online verfügbar unter: https://www.Youtube.com/watch?v=d7QVr0IDG-I&feature=youtube, zuletzt aktualisiert: 06.09.2017, letzter Zugriff: 17.04.2019.

Fräulein Chaos 2019: Youtube-Profil-Seite. Online verfügbar unter: https://www.youtube.com/channel/UCQP2hFyYacfKNYlBKA7z-Sw, zuletzt aktualisiert: keine Angaben; letzter Zugriff: 17.04.2019.

Funk 2021: Hey, wir sind Funk. Online verfügbar unter: https://www.funk.net/funk, zuletzt aktualisiert: keine Angaben; letzter Zugriff: 01.01.2021.

Gauck, Joachim 2012: Rede zum Ende der Amtszeit zu der Frage „Wie soll es aussehen, unser Land?" aus der Antrittsrede vom 23. Mai 2012. Online verfügbar unter: http://www.bundespraesident.de/SharedDocs/Reden/DE/Joachim-Gauck/Reden/2017/01/170118-Amtszeitende-Rede.html, zuletzt aktualisiert am: 23.05.2012, letzter Zugriff: 09.06.2019.

GEMA 2019: Für alle, die Musik lieben. Online verfügbar unter: https://www.gema.de, zuletzt aktualisiert: keine Angaben, letzter Zugriff: 09.06.2019.

Gunreben, Jonas 2019: Was bedeutet Vlog? Einfach erklärt. Online verfügbar unter: https://praxistipps.chip.de/was-bedeutet-vlog-einfach-erklaert_45934, zuletzt aktualisiert: 01.03.2019; letzter Zugriff: 17.04.2019.

Google 2019a: About Google. Online verfügbar unter: https://about.google/intl/de/, zuletzt aktualisiert: keine Angaben; letzter Zugriff: 17.04.2019.

Google 2019b: Support. So funktioniert Content ID. Online verfügbar unter: https://support.google.com/Youtube/answer/2797370?hl=de, zuletzt aktualisiert: keine Angaben; letzter Zugriff: 17.04.2019.

Grimmarco, Francesco 2017: Hasskommentare. Ansichten eines Trolles. Online verfügbar unter: https://www.zeit.de/2017/22/internet-trolle-hetze-aussteiger, zuletzt aktualisiert: 23.05.2017; letzter Zugriff: 24.05.2019.

Gruenderszene: Lexikon (2019). User-Generated-Content. Online verfügbar unter: https://www.gruenderszene.de/lexikon/begriffe/user-generated-content, zuletzt aktualisiert: keine Angaben; letzter Zugriff: 17.04.2019.

Heidböhmer, Carsten 2017: Warum die Youtuberin Bianca „Bibi" Heinicke so unbeliebt ist. Online verfügbar unter: https://www.stern.de/kultur/tv/bibisbeautypalace-warum-ist-Youtuberin-bianca-bibi-heinicke-so-unbeliebt-7443908.html, zuletzt aktualisiert am 08.05.2017; letzter Zugriff: 12.05.2019.

Herbig, Daniel 2017: Streit über Rundfunklizenz: PietSmietTV geht vom Netz. Online verfügbar unter: https://www.heise.de/newsticker/meldung/Streit-ueber-Rundfunklizenz-PietSmietTV-geht-vom-Netz-3709073.html, zuletzt aktualisiert am: 10.05.2018, letzter Zugriff; 09.06.2019.

Hilker, Claudia 2015: Nutzertypologien im Social-Media-Marketing. Online verfügbar unter: http://socialmedia-fuer-unternehmer.de/nutzertypologie-im-social-media-markting/, zuletzt aktualisiert am 04.03.2015; letzter Zugriff: 28.04.2019.

I'mJette 2018: Ich male LIVE Pinterest Bilder mit euch//I'm Jette. Online verfügbar unter: https://www.Youtube.com/watch?v=UtjQ-YMj8QU, zuletzt aktualisiert: 11.05.2018; letzter Zugriff: 17.04.2019.

I'mJette 2019: Youtube-Profil-Seite. Online verfügbar unter: https://www.Youtube.com/channel/UCbb1sADust-rbxs0-yGhl7Q, zuletzt aktualisiert: keine Angaben; letzter Zugriff: 17.04.2019.

IndyMedia 2009: Bertelsmann-Führung und Konzernverflechtung. Online verfügbar unter: https://de.indymedia.org/2009/02/241781.shtml, zuletzt aktualisiert: 12.02.2009, letzter Zugriff: 17.04.2019.

Kirchgeorg, Manfred 2019: Peer Group. Online verfügbar unter: https://wirtschaftslexikon.gabler.de/definition/peer-group-46140, zuletzt aktualisiert am: keine Angaben; letzter Zugriff: 19.05.2019.

KlickSafe.de 2019a: Zahlen und Fakten – Youtube-Nutzung in Deutschland. Online verfügbar unter: https://www.klicksafe.de/themen/kommunizieren/youtube/zahlen-und-fakten-Youtube-nutzung-in-deutschland/, zuletzt aktualisiert am: keine Angabe; letzter Zugriff: 26.04.2019.

KlickSafe.de 2019b: Cyber-Mobbing – was ist das? Online verfügbar unter: https://www.klicksafe.de/themen/kommunizieren/cyber-mobbing/cyber-mobbing-was-ist-das/, zuletzt aktualisiert am: keine Angabe; letzter Zugriff: 26.05.2019.

KlickSafe.de 2019c: Hate Speech. Online verfügbar unter: https://www.klicksafe.de/themen/problematische-inhalte/hate-speech/, zuletzt aktualisiert am: keine Angabe; letzter Zugriff: 26.05.2019.

Krasavice, Katja 2019: Youtube-Profilseite. Online verfügbar unter: https://www.Youtube.com/user/KatjaKrasavice/videos, zuletzt aktualisiert am: keine Angabe; letzter Zugriff: 15.05.2019.

Kühl, Eike 2019: Betreiber haften für ihre User. Online verfügbar unter: https://www.fluter.de/eu-urheberrecht-uploadfilter-einfach-erklaert, zuletzt aktualisiert am 22.03.2019; letzter Zugriff: 01.04.2019.

Kultusministerkonferenz (KMK) 2012: Medienbildung in der Schule (Beschluss der Kultusministerkonferenz vom 08.03.2012). Online verfügbar unter: http://www.kmk.org/fileadmin/Dateien/veroeffentlichungen_beschlesse/2012/2012_03_08_Medienbildung.pdf, zuletzt aktualisiert: 09.03.2012; letzter Zugriff: 23.04.2019.

Kultusministerkonferenz (KMK) 2017: Bildung in der digitalen Welt. Strategie der Kultusministerkonferenz. Online verfügbar unter: https://www.kmk.org/fileadmin/Dateien/veroeffentlichungen_beschlu esse/2018/Strategie_Bildung_in_der_digitalen_Welt_idF._vom_07.12. 2017.pdf, zuletzt aktualisiert:07.12.2017, letzter Zugriff: 24.04.2019.

Lisa Sophie Laurent 2017: Stimmt das denn wirklich? Online verfügbar unter: https://www.Youtube.com/watch?v=TTXnog70riw&feature=youtu.be, zuletzt aktualisiert: 04.09.2017; letzter Zugriff: 17.04.2019.

Lisa Sophie Laurent 2019: Youtube-Profil-Seite. Online verfügbar unter: https://www.Youtube.com/channel/UCtB4Win87uHQ20iv52ZGRkQ, zuletzt aktualisiert: keine Angaben; letzter Zugriff: 17.04.2019.

LeFloid 2015: Das Interview mit Angela Merkel - #NetzFragtMerkel. Online verfügbar unter: https://www.Youtube.com/watch?v=5OemiOryt3c, zuletzt aktualisiert: 13.07.2015; letzter Zugriff: 20.04.2019.

LeFloid 2019a: Artikel 13, Merkelfilter, Belügt uns die Justizministerin? & YouTubes Riesenproblem. Onliner verfügbar unter: https://www.youtube.com/watch?v=d7QVr0IDG-I&feature=youtu.be, zuletzt aktualisiert: 22.02.2019; letzter Zugriff: 17.04.2019.

LeFloid 2019b: Youtube-Profil-Seite. Online verfügbar unter: https://www.youtube.com/user/LeFloid, zuletzt aktualisiert: keine Angaben; letzter Zugriff: 17.04.2019.

Lehrerfortbildung Baden-Württemberg 2019: Lerntheke. Online verfügbar unter: https://lehrerfortbildung-bw.de/st_if/bs/if/unterrichtsgestaltung/methodenblaetter/lerntheke.html, zuletzt aktualisiert: keine Angaben; letzter Zugriff: 29.04.2019.

Lobe, Adrian 2019: Gebt die Algorithmen frei! Online verfügbar unter: https://www.faz.net/aktuell/feuilleton/medien/digitalkonzerne-geschaeftsgeheimnis-algorithmus-15072713.html, zuletzt aktualisiert am: 28.06.2017; letzter Zugriff: 09.06.2019.

Lux, Torben 2017: Flirt-Abzocke, Snapchat-Abos und YouNow-Tips: So melkt YouTube-Star Katja Krasavice ihre Fans. Online verfügbar unter: https://meedia.de/2017/03/30 /flirt-abzocke-snapchat-abos-und-younow-tips-so-melkt-katja-krasavice-ihre-fans-auf-dubiose-art-und-weise/, zuletzt aktualisiert am:30.03.2017, letzter Zugriff: 15.05.2019.

Mansholt, Malte 2018: DSVGO: Warum Sie Whatsapp bald nicht mehr im Job benutzen dürfen. Online verfügbar unter: https://www.stern.de/digital/smartphones/dsgvo-warum-sie-whatsapp-bald-nicht-mehr-im-job-benutzen-duerfen-7988916.html, zuletzt aktualisiert am: 18.05.2018; letzter Zugriff: 06.05.2019.

Mascolo, George 2017: Fünf Vorschläge für den Umgang mit Fake News. Online verfügbar unter: https://www.sueddeutsche.de/medien/journalismus-fuenf-vorschlaege-fuer-den-umgang-mit-fake-news-1.3413492, zuletzt aktualisiert am 11.03.2017; letzter Zugriff: 26.04.2019.

Medienkompetenz Portal NRW 2016: ICILS 2018: Studien zur Medienkompetenz von Schülerinnen und Schülern. Online verfügbar unter: https://www.medienkompetenzportal-nrw.de/medienpaedagogischer-atlas-nrw/mpa-tipps/icils-20-18-studie-zur-medienkompetenz-von-schuelerinnen-und-schuelern.html, zuletzt aktualisiert am 06.09.2016; letzter Zugriff: 04.05.2019.

Meiritz, Anette; Spohn, Jette 2015: LeFloid interviewt Merkel. „Dann sind wir uns ja einig, sehr einig". Online verfügbar unter: https://www.spiegel.de/poli tik/deutschland/lefloid-interviewt-angela-merkel-Youtube-star-trifft-kanzlerin-a-1043496.html, zuletzt aktualisiert: 13.07.2015; letzter Zugriff:20.04.2019.

Melina Sophie 2015: COMING OUT I Melina Sophie. Online verfügbar unter: https://www.Youtube.com/watch?v=OZTOs7Qq6pQ, zuletzt aktualisiert: 31.07.2015; letzter Zugriff: 20.04.2019.

Melina Sophie 2019: You-Tube-Profil-Seite. Online verfügbar unter: https://www.Youtube.com/channel/UCXxHzg_vJFDHzG7bkLldegQ, zuletzt aktualisiert: keine Angaben; letzter Zugriff: 17.04.2019.

MESH Collective 2019: Homepage. Online verfügbar unter: https://www.meshcollective.de, zuletzt aktualisiert: keine Angaben; letzter Zugriff: 17.04.2019.

Mey, Stefan 2018: Was macht Youtube mit meinen Daten? Online verfügbar unter: https://www.fluter.de/was-macht-Youtube-mit-meinen-daten, zuletzt aktualisiert am: 03.05.2018; letzter Zugriff: 14.04.2019.

Müller von Blumencron; Mathias 2015: Propagandaschlacht im Internet. Unsere tägliche Desinformation. Online verfügbar unter: https://www.faz.net/aktuell/politik/das-internet-als-propagandavehikel-obskurer-theorien-13364530.html, zuletzt aktualisiert am: 12.01.2015, letzter Zugriff:16.04.2019.

Munzinger, Paul 2018: Eine Stiftung vermisst die Welt. Online verfügbar unter: https://www.sueddeutsche.de/bildung/gesellschaft-und-politik-das-glashaus-1.3899280, zuletzt aktualisiert am: 09.03.2018, letzter Zugriff:16.04.2019.

NBC News 2006: Google buys Youtube for $ 1.65 billion. Online verfügbar unter http://www.nbcnews.com/id/15196982/ns/business-us_business/t/google-buys-Youtube-billion /#.XJ33ky1oQcg, zuletzt aktualisiert am 10.10.2006; letzter Zugriff: 29.03.2019.

Nielsen, Jakob 2006: The 90-9-1 Rule of Participation Inequality in Social Media an. Online Communites. Online verfügbar unter: https://www.nngroup.com/articles/participation-inequality/, zuletzt aktualisiert: 9.10.2006; letzter Zugriff: 29.04.19.

Omkt 2019: Was ist ein Unique User? Online verfügbar unter: https://www.omkt.de/unique-user/, zuletzt aktualisiert: keine Angaben, letzter Zugriff: 26.04.2019.

Peters, Christiane 2018: Faul und respektlos soll sie sein, die „Jugend von heute". Online verfügbar unter: https://www.rnz.de/panorama/lebensart_artikel,-soziologie-faul-undrespektlos-soll-sie-sein-die-jugend-von-heute-arid,374012.html; zuletzt aktualisiert am: 21.07.2018; letzter Zugriff: 13.05.2019.

Pörksen, Bernhard 2018: Medien und Demokratie. Im digitalen Zeitalter gibt es keine Idylle mehr. Online verfügbar unter: https://www.deutschlandfunk.de/medien- und-demokratie-im-digitalen-zeitalter-gibt-es-keine.694.de.html?dram:article_id=411042,zuletzt aktualisiert am: 19.03.2018, letzter Zugriff: 16.04.2019.

ProSieben Sat1 2019: Homepage. Online verfügbar unter: https://www.prosieben-sat1.de, zuletzt aktualisiert: keine Angaben; letzter Zugriff: 17.04.2019.

Ptak, Laurel 2019: Wages for Facebook. Online verfügbar unter: http://wagesforface book.com, zuletzt aktualisiert am: keine Angabe, letzter Zugriff: 04.04.2019.

Rauchhaupt, Jens von 2018: Alternative Nutzerakquise: Vorinstallation statt App-Store-Marketing. Online verfügbar unter: https://www.adzine.de/2018/05/alternative-nutzerakquise-vorinstallation-statt-app-store-marketing/, zuletzt aktualisiert am 15.05.2018; letzter Zugriff: 29.04.2019.

Rebiger, Simon 2016: „Ohne Aufwand geht es nicht“ – VG Wort verteidigt neue Regelungen zu digitalen Lerninhalten. Online verfügbar unter: https://netzpolitik.org/2016/vg-wort-interview-unirahmenvertrag/, zuletzt aktualisiert am: 10.11.2016, letzter Zugriff: 19.05.2019.

Reuter, Markus 2017: Podcast: Filter Bubble – Echokammer – Fake News. (1:50 -2:06 min). Online verfügbar unter; https://www.boell.de/de/2017/02/08/filter-bubble-echokammer-fake-news, zuletzt aktualisiert am: 08.02.2017, letzter Zugriff: 19.05.2019.

Reuter, Markus 2019: Europaparlament verbreitet einseitiges und irreführendes Video zur Urheberrechtsreform. Online verfügbar unter: https://netzpolitik.org/2019/europaparlament-verbreitet-auf-twitter-einseitiges-und-irrefuerendes-video-zur-urheberrechtsre form/, zuletzt aktualisiert am 28.02.2019; letzter Zugriff: 01.04.2019.

Re:publica 2015: MEDIA CONVENTION Berlin 2015 – Hoax-Kampagnen: Opium fürs Empörungsvolk. Online verfügbar unter: https://www.Youtube.com/watch?v=EHm APmktKhk, zuletzt aktualisiert: 06.05.2015, letzter Zugriff: 20.04.2019.

Re:publica 2019: Startseite. Online verfügbar unter: https://re-publica.com/de, zuletzt aktualisiert: keine Angaben; letzter Zugriff: 17.04.2019.

RobBubble 2017a: Der Youtube-Populist – Mitabeitah. Online verfügbar unter: https://www. Youtube.com/watch?v=4Gh9chVuDUk, zuletzt aktualisiert: 04.09.2017; letzter Zugriff: 17.04.2019

RobBubble 2017b: Die EU – Was ist gut daran? Was ist schlecht? Online verfügbar unter: https://www.Youtube.com/watch?v=WuNF63u7xmw&feature=Youtube, zuletzt aktualisiert: 11.09.2017; letzter Zugriff: 17.04.2019.

RobBubble 2019: Youtube-Profil-Seite. Online verfügbar unter: https://www.youtube.com /channel/UCq880QL0THPePYuGKV7PxZw, zuletzt aktualisiert: keine Angaben; letzter Zugriff: 17.04.2019.

Schakarian, Jannis 2015a: LeFloid geht zu Studio 71, dem Youtube Netzwerk von ProSiebenSat.1. Online verfügbar unter: http://netzfeuilleton.de/lefloid-studio71/, zuletzt aktualisiert: 11.06.2015; letzter Zugriff: 20.04.2019.

Schakarian, Jannis 2015b: LeFloid interviewt Bundeskanzlerin Angela Merkel. Online verfügbar unter: http://netzfeuilleton.de/lefloid-merkel/, zuletzt aktualisiert: 06.07.2015; letzter Zugriff: 20.04.2019.

Schneider, Tim-Julian 2019: Prozess um Influencer-Werbung. Das Geschäft mit der Glaubwürdigkeit. Online verfügbar unter: https://www.zdf.de/nachrichten/heute/influencer-das-geschaeft-mit-der-glaubwuerdigkeit-100.html, zuletzt aktualisiert am 11.02.2019; letzte Zugriff: 29.04.2019.

Schwarte, Georg 2018: Ein Jahr MeToo-Kampagne. Ein Hashtag bricht ein Tabu. Online verfügbar unter: https://www.tagesschau.de/ausland/metoo-107.html, zuletzt aktualisiert am 05.10.2018; letzter Zugriff: 19.05.2019.

Singelnstein, Tobias 2019: Big Data bei der Polizei: Hessen sucht mit Palantir-Software nach Gefährdern. Online verfügbar unter: https://netzpolitik.org/2019/big-data-bei-der-polizei-hessen-sucht-mit-palantir-software-nach-gefaehrdern/, zuletzt aktualisiert am: 03.06.2019; letzter Zugriff: 09.06.2019.

Spiegel 2014: Youtube-Star. LeFloid verlässt Mediakraft. Online verfügbar unter: https://www.spiegel.de/netzwelt/web/lefloid-verlaesst-mediakraft-Youtubenetzwerk-verliert-star-a-996293.html, zuletzt aktualisiert: 10.10.2014; letzter Zugriff: 20.04.2019.

Statista 2019: Umfrage zur Nutzung von Youtube nach Altersgruppen in Deutschland 2017. Online verfügbar unter: https://de.statista.com/statistik/daten/studie/691565/umfrage/anteil-der-nutzer-von-Youtube-nach-alter-in-deutschland/, zuletzt aktualisiert: keine Angaben; letzter Zugriff: 17.04.2019.

Stefanowitsch, Anatol 2015: Im Netz des Hasses. Online verfügbar unter: http://das-netz.online/im-netz-des-hasses/, zuletzt aktualisiert am: 10.12.2015, letzter Zugriff: 09.06.2019.

Steinlechner, Peter 2017: Chef von Medienanstalt kritisiert Youtuber. Online verfügbar unter: https://www.golem.de/news/rundfunklizenzen-chef-von-medienanstalt-kritisiert-Youtuber-1705-128123.html, zuletzt aktualisiert am: 31.05.2017, letzter Zugriff; 09.06.2019.

Stern 2018: Fünf Jahre NSA-Skandal. Edward Snowden – So lebt der Whistleblower im russischen Asyl. Online verfügbar unter: https://www.stern.de/NSApolitik/ausland/edward-snowden-wie-es-dem-whistleblower-im-russischen-asyl-er-geht-8191656.html, zuletzt aktualisiert am: 31.06.2018; letzter Zugriff: 05.05.2019.

Studio71 2019: Homepage. Online verfügbar unter: https://www.studio71.com/de/, zuletzt aktualisiert: keine Angaben; letzter Zugriff: 17.04.2019.

SOLYP 2019a: Weiche Daten (Qualitative Daten). Online verfügbar unter: https://www.solyp.com/de/solyp-strategielexikon/article/weiche-daten.html, zuletzt aktualisiert: keine Angaben; letzter Zugriff: 17.04.2019.

SOLYP 2019b: Harte Daten (Qualitative Daten). Online verfügbar unter: https://www.solyp.com/de/solyp-strategielexikon/article/harte-daten.html, zuletzt aktualisiert: keine Angaben; letzter Zugriff: 17.04.2019.

TenseMakesSense 2017: Die dunkle Seit der Politik – TenseMakesSense. Online verfügbar unter: https://www.Youtube.com/watch?v=KZFtQnqxPTE&feature=youtu.be, zuletzt aktualisiert: 05.09.2017, letzter Zugriff: 17.04.2019.

TenseMakesSense 2019a: TenseInforms – Die allerallerletzte Folge. Online verfügbar unter: https://www.Youtube.com/watch?v=XXzKBBjxDeE, zuletzt aktualisiert: 16.02.2018, letzter Zugriff: 17.04.2019.

TenseMakesSense 2019b: Youtube-Profil-Seite. Online verfügbar unter: https://www.Youtube.com/user/TenseMakesSense/about, zuletzt aktualisiert: keine Angaben; letzter Zugriff: 17.04.2019.

TiQuest 2019: Homepage. Online verfügbar unter: https://tiquest-management.de/kuenstler/, zuletzt aktualisiert: keine Angaben; letzter Zugriff: 17.04.2019.

TubeOne 2019: Homepage. Onliner verfügbar unter: https://tubeone.com, zuletzt aktualisiert: keine Angaben; letzter Zugriff: 17.04.2019.

Vimeo 2019: Startseite. Online verfügbar unter: https://vimeo.com/de/, zuletzt aktualisiert: keine Angaben; letzter Zugriff: 17.04.2019.

Waleczek, Torben 2013: Merkels „Neuland“ wird zur Lachnummer im Netz. Online verfügbar unter: https://www.tagesspiegel.de/politik/die-kanzlerin-und-das-internet-merkels--neuland-wird-zur-lachnummer-im-netz/8375974.html ,zuletzt aktualisiert am: 19.06.2013; letzter Zugriff: 08.05.2019.

Wardle, Claire 2017: Fake News – Es ist kompliziert. Online verfügbar unter: https://de.firstdraftnews.org/fake-news-es-ist-kompliziert/; zuletzt aktualisiert: 14.03.2017; letzter Zugriff: 26.04.2019.

Webedia-Group 2019: Homepage. Online verfügbar unter: https://webedia-group.de, zuletzt aktualisiert: keine Angaben; letzter Zugriff: 17.04.2019.

Wikipedia 2019: Let's Play. Online verfügbar unter: https://de.wikipedia.org/wiki/Let's_Play, zuletzt aktualisiert: 01.03.2019; letzter Zugriff:17.04.2019.

Witzel, Andreas 2008: Das problemzentrierte Interview. In: Forum Qualitative Sozialforschung. 1(1), Art 22, 2000. Online verfügbar unter: http://www.qualitative-research.net/index.php/fqs/article/view/1132/2519#footnote_1, zuletzt aktualisiert: 01.07.2008; letzter Zugriff: 19.04.2019.

Wüstemberg, Daniel 2018: Das sagt die Bundesregierung zu Trumps Twitter-Lügen. Online verfügbar unter: https://www.stern.de/politik/deutschland/donald-trumps-twitter-luegen-so-reagiert-die-bundesregierung-8134206.html, zuletzt aktualisiert am: 21.06.2018; letzter Zugriff: 20.05.2019.

W&V 2017: G20. Das Social-Media-Team der Polizei im Großeinsatz. Online verfügbar unter: https://www.wuv.de/digital/g20_das_social_media_team_der_polizei_im_grosseinsatzzuletzt aktualisiert: 05.07.2017; letzter Zugriff: 20.05.2019.

W&V 2018: Influencer-Agentur Flow:fwd geht an Webedia. Online verfügbar unter: https://www.wuv.de/agenturen/influencer_agentur_flow_fwd_geht_an_webedia, zuletzt aktualisiert: 21.12.2018; letzter Zugriff: 19.04.2019.

Youtube 2019a: Youtube Premium. Online verfügbar unter: https://www.youtube.com/premium, zuletzt aktualisiert: keine Angaben; letzter Zugriff: 17.04.2019.

Youtube 2019b: Nutzungsbedingungen. Online verfügbar unter: https://www.youtube.com/static?gl=DE&template=terms&hl=de, zuletzt aktualisiert am 19.01.2019; letzter Zugriff: 28.04.2019.

ZDF 2018: Lass dich überwachen! Die PRISM IS A DANCER Show. Online verfügbar unter: https://www.zdf.de/comedy/neo-magazin-mit-jan-boehmermann-/neo-magazin-royale-mit-jan-boehmermann---xxl-vom-5-april-2018-100.html, zuletzt aktualisiert am: 05.04.2018; letzter Zugriff: 09.06.2019.

ZDF 2019: Wie tickt die EU? (1/6). Online verfügbar unter: https://www.zdf.de/politik/meinerstes-mal/190428-meinerstesmal07eu-mem-100.html, zuletzt aktualisiert am: 28.04.2019; letzter Zugriff: 24.05.2019.

ZDFcheck19 2019: Wahlkampf mit dem Social Bot. Online verfügbar unter: https://www.zdf.de/nachrichten/heute/interview-mike-preuss-social-bots-zdfcheck-100.html , zuletzt aktualisiert am 13.04.2019; letzte Zugriff: 20.05.2019.

ZDF-Morgenmagazin 2019: Werbung. Was dürfen Influencer? Online verfügbar: https://www.zdf.de/nachrichten/zdf-morgenmagazin/influencer-werbung-100.html,zuletzt aktualisiert am 11.02.2019; letzte Zugriff: 29.04.2019.

Zeit 2018: „Google hat 90 Tage Zeit, um sein Verhalten zu ändern.“ Online verfügbar unter: https://www.faz.net/aktuell/wirtschaft/eu-kommissarin-vestager-droht-google-hat-90-tage-zeit-um-sein-verhalten-zu-aendern-15696941.html ,zuletzt aktualisiert am: 18.07.2018; letzter Zugriff: 29.04.2019.

301+ 2019: Startseite. Online verfügbar unter: http://301plus.berlin, zuletzt aktualisiert: keine Angaben; letzter Zugriff: 17.04.2019.

V. Anhang

Interviewleitfaden

Forschungsfrage: Beeinflussen YoutuberInnen mit ihren Videos (Vlogs, Blogs, Musik, Comedy usw.) die politische und / oder gesellschaftliche Einstellung von Jugendlichen?

Biografischer Impuls

- Kannst du kurz etwas über dich erzählen, sagen wer du bist? (Alter, Geschlecht, Jahrgangs- und Schulform)

Initialer Zugang zu Youtube-Videos

- Was fällt dir spontan ein, wenn du an die Plattform „Youtube" denkst? (Assoziationen, Bewertungen, Vorbilder)
- Welchen Stellenwert nimmt die Plattform in deinem Leben ein? (Nutzungsverhalten)

Themen / Interessen Youtube

- Welche Themen oder Kategorien interessieren dich?
- Welche Rolle spielen für dich die Videos, welche aktuell im Trend sind? (Konsum, weiterführende Kommunikation)
- Welche Themen/ Kategorien interessieren dich nicht?
- Welche Themen/ Kategorien vermisst du?
- Für welche Zwecke benutzt du Youtube? (Freizeit, Hobby, Informationen, Schule)
- Hast du schon selbst Inhalte hochgeladen? (Aktives oder passives Verhalten)
- Welchen Personen folgst du auf Youtube? (Freunden, Familie, bekannte YoutuberInnen)

YoutuberInnen

- Was macht für dich eine/n gute/n YoutuberIn aus?
- Wie sollte ein/e gute/r YoutuberIn sein? (Themen/Kategorien, Vorbild)
- Wie wichtig sind für dich die Anzahl von Abonnierenden der YoutuberIn?
- Folgst du den YoutuberInnen auch auf anderen sozialen Netzwerken? (Instagram, Facebook, Snapchat, TikTok)
- Informierst du dich weiter über die verschiedenen YoutuberInnen? (Biografie)

Beispiel Rollenbilder (1) oder Artikel 13 (2)

Rollen-/ Geschlechterbilder	Artikel 13 – Europäisches Parlament
- Was fällt dir spontan zu dem Thema Rollen- oder Geschlechterbilder ein? - Hast du zu diesem Thema schon ein Video gesehen? - Wie findest du den kurzen Videoausschnitt? (Persönliche Empfindungen, Bewertung der dargestellten Inhalte) https://www.Y-outube.com/watch?v=LXIErVD7Dj0, 1:09-2:04 Min, letzter Zugriff: 6.3.2019 - Welche Rollenbilder werden in dem Ausschnitt vermittelt? (Wie müssen Frauen und wie Männer sein?) - Findest du Videos zu diesem Thema wichtig? (Persönliche Relevanz)	- Was fällt dir spontan zu dem Thema Artikel 13 ein? - Hast du zu diesem Thema schon ein Video gesehen? - Wie findest du den kurzen Videoausschnitt? (Persönliche Empfindungen, Bewertung der dargestellten Inhalte) https://www.Y-outube.com/watch?v=OwfpVU33BFI, 0:00-0:49 Min, letzter Zugriff: 6.3.2019 - Wie wird die Debatte um den Artikel 13 dargestellt? - Findest du Videos zu diesem Thema wichtig? (Persönliche Relevanz)

Peer-Group und Familie

- Sprichst du mit deinen Eltern über Youtube oder über einzelne YoutuberInnen und deren Videos/ Themen?
- Sprichst du mit deinen Freunden über Youtube oder über einzelne YoutuberInnen und deren Videos / Themen?
- Sprichst du mit deinen Eltern anders über Youtube als mit deinen Freunden? (doppelte Frage)

Youtube und PoWi (Schule)

- Sprecht ihr in der Schule über Youtube und die dort hochgeladenen Videos? (Fächer, Stellenwert)
- Hat Youtube für dich etwas mit unserer Politik oder Gesellschaft zu tun?
- Werden Youtube-Videos im PoWi-Unterricht thematisiert? (Einsatz, Verwendung)
- Für welche Zwecke würdest du Youtube-Videos im Unterricht verwenden wollen? (Allgemein, Bezug auf den PoWi-Unterricht)

Abschluss

- Wie findest du die Plattform Youtube persönlich?

Die Tonbandaufnahmen zu den Interviews liegen vor, werden aber zum Schutz der Befragten und anderen in den Interviews genannten Personen und Einrichtungen der vorliegenden Arbeit nicht beigefügt.

Übersicht der Teilnehmenden:

	Name	m/w	Alter	Schulform	Schwerpunkt	Dauer
1.	BW1	M	14	Gymnasium	Rollenbilder	13:03 min
2.	BW2	M	16	Realschule	Rollenbilder	29:27 min
3.	BW3	W	16	Realschule	Rollenbilder	20:42 min
4.	BW4	W	18	Gymnasiale Oberstufe	Rollenbilder	15:40 min
5.	BW5	W	13	Gymnasium	Rollenbilder	10:30 min
6.	BW6	W	12	Gymnasium	Artikel 13	13:46 min
7.	BW7	W	16	Realschule	Artikel 13	13:26 min
8.	BW8	M	19	Gymnasiale Oberstufe	Artikel 13	12:13 min
9.	BW9	W	18	Gymnasiale Oberstufe	Artikel 13	29:25 min
10.	BW10	W	19	Gymnasiale Oberstufe	Artikel 13	12:41 min